HAMBRE
— de —
HÓMBRE

Anamar Orihuela

HAMBRE
— de —
HOMBRE

Cuando construyes una relación
de pareja desde el hambre de afecto,
terminas destruyéndola

Hambre de hombre
Cuando construyes una relación de pareja desde el hambre de afecto, terminas destruyéndola

Primera edición: mayo de 2014
Primera reimpresión: mayo de 2015

D. R. © 2014, Anamar Orihuela

D. R. © 2015, derechos de edición mundiales en lengua castellana:
Penguin Random House Grupo Editorial, S.A. de C.V.
Blvd. Miguel de Cervantes Saavedra núm. 301, 1er piso,
colonia Granada, delegación Miguel Hidalgo, C.P. 11520,
México, D.F.

D. R. © diseño de cubierta: Jorge Garnica
D. R. © fotografía de la autora: cortesía de la autora

www.megustaleer.com.mx

Comentarios sobre la edición y el contenido de este libro a:
megustaleer@penguinrandomhouse.com

ISBN 978-607-113-138-6

Impreso en México/*Printed in Mexico*

ÍNDICE

AGRADECIMIENTOS

En primer lugar, agradezco a los Dioses por esta enorme oportunidad, siempre siento su acompañamiento y su guía.

Agradezco y dedico este libro a mi pequeña niña interna, gracias por tu fuerza, tu capacidad para salir de momentos de soledad y ser la más alegre y positiva. Te amo profundamente, hoy tienes en mí una madre que te cuida, te respeta y te ama.

Dedico este libro también a mi hijo Bruno: eres mi más grande orgullo y mi motivo de alegría y aprendizaje constante. Gracias Bruno por ser como eres, por tu inteligencia y tu sentido del humor, soy afortunada de ser tu mamá.

Agradezco profundamente al amor de mi vida, mi esposo Víctor: tu amor, tu ternura, tu presencia constante han sanado mi alma; nuestro amor es un milagro, gracias por tantos años de felicidad perdurable, por ser mi cómplice, mi mejor amigo, mi compañero de vida.

Dedico este libro a mi mami, Maritere, gracias mamá por enseñarme a ser una mujer congruente; gracias por el esfuerzo y el compromiso de sacarnos adelante a mis hermanos y a mi, por ser un ejemplo permanente, generosa y siempre al pie del cañón: eres mi inspiración y gracias a ti soy una mujer que sabe sostenerse y luchar por sus sueños.

También dedico este libro a mis hermanos: Coral, Ceci, Jorge, Sol y Josué, los amo con toda mi alma, son un enorme regalo en mi vida, una inspiración en cada momento. Hoy, cada uno de ustedes lucha por sus sueños y me hacen sentir siempre orgullosa de ser su hermana. Gracias porque mi infancia a su lado fue increíblemente divertida.

Agradezco enormemente a mis alumnas, pacientes, mujeres y hombres con los que he compartido tantos momentos de aprendizaje, acompañamiento, lágrimas, risas, gracias por su confianza y su cariño; al escribir pienso en tantos rostros que se quedaron en mi corazón a lo largo de estos años, los honro y agradezco siempre: sanar sanando.

Gracias a Martha Carrillo, por ser un ángel y por su noble corazón; a Martha Debayle, por su confianza y la oportunidad de estar en su programa por tantos años; a mis asistentes y amigas, Gloria y Anamaría, por su entusiasmo, compromiso y por hacer su trabajo muy bien; a mi familia espiritual, por tantos años de aprendizaje y amor; a César Gutiérrez por sembrar esta semilla, y a Paty Mazón y el equipo de No ficción de Santillana Ediciones Generales, por confiar en mí.

PRÓLOGO

La primera vez que escuché el concepto de "Hambre de Hombre" me impacté, reconocer que uno tiene, o ha tenido "Hambre de hombre", ¡¡¡duele!!!

¿Por qué duele? Porque habla de nuestras propias carencias, de no amarnos lo suficiente, de poner en un hombre todos nuestros sueños y expectativas, de hacerlo el sol ante el cual giramos sin límites. Y claro, si ese hombre por alguna razón se va de nuestra vida, crea un hueco emocional y existencial devastador, nos deja sin aire, sin ganas de vivir, sin sueños... Hasta que aparece otro hombre al que adornamos, maquillamos y construimos en nuestra mente aún "mejor" que el anterior, tan sólo para volver a hacer de él, el centro de nuestra existencia.

Pareciera que esta situación es como si fuera la historia de nuestras abuelas, quizá de nuestras mamás, no de nosotras que vivimos en pleno siglo XXI, en donde nos creemos mujeres independientes, conscientes y dueñas de nosotras mismas. Sin embargo, en la soledad de nuestro cuarto, sin nadie más como testigo, a veces reconocemos que sí, sí hemos tenido hambre de hombre, o quizá aún la tenemos, y no sólo hambre, sino que también sufrimos de inanición.

Siendo honestas con nosotras mismas ¿te has fijado lo que pasa cuando vamos al supermercado con hambre? Llenamos el carrito de cuanto producto encontramos a nuestra paso, sin pensar si es nutritivo, si es caro, si está lleno de calorías, si sabe delicioso. Lo que importa es saciar de inmediato el hambre que nos consume, y para hacerlo, somos capaces de abrir algunos empaques mientras ponemos otros en el carrito, pues no podemos manejar la ansiedad de llegar hasta la casa para sentarnos cómodamente y consumir lo comprado. ¡¡¡Noooo!!! Es mejor comer, comer y comer "lo que sea", hasta que nos vuelva a dar otro ataque de hambre que nos llevará a realizar la misma acción.

Bueno, pues lo mismo nos pasa en el "súper" de la vida con los Hombres. Por la vieja idea de que una mujer vale más cuando tiene a un hombre en su vida, cuando éste no aparece empezamos a sentir hambre, ganas de "echar" uno al carrito para después "comerlo", y así, con la ansiedad a flor de piel, empezamos a elegir hombres sin realmente tomar en cuenta si vale la pena o no, si hay un proyecto de vida juntos, si va a valorarnos y amarnos como lo merecemos. No lo pensamos bien, lo único que nos importa es saciar nuestro vacío, sentirnos "llenas", ocupar nuestros huecos emocionales con ÉL.

Desafortunadamente esta situación está muy lejos de llevarnos a la felicidad, al amor y a la plenitud; al contrario, nos lleva a la tristeza, al enojo, a la insatisfacción. Creemos que lo de afuera nos hará sentir bien, que la sola presencia de un hombre en nuestra vida es suficiente. Pero no es así, nos aferramos a una relación por miedo, para no enfrentar la soledad, el abandono, las heridas de la infancia, el desamor que nos tenemos. A pesar de no ser felices, preferimos tener una relación insatisfactoria a echarnos el clavado interno y enfrentar nuestra propia sombra, pues hacer consciente lo inconsciente y resignificar el presente requiere valor, entrega y, sobre todo amor propio y sentir que merecemos lo más valioso de la vida.

Romper nuestras creencias y patrones aprendidos -y repetidos- no es tarea fácil; la única manera de hacerlo es el viaje interior, y Anamar Orihuela en este libro nos toma de la mano, de forma muy amorosa, pero al mismo tiempo nos confronta para navegar desnudos en el mar de nuestro corazón y así descubrir nuestras fallas y nuestros aciertos.

En *Hambre de hombre*, Anamar Orihuela tiene la habilidad, a través de sus palabras, experiencia terapéutica y conocimiento, de ponernos de forma clara y nítida ante una especie de espejo, en el que podemos reconocernos, vernos más allá de los roles impuestos y descubrir nuestras heridas y carencias, para después llevarnos a un mejor lugar en el que el amor a nosotras mismas es fundamental.

Descubrirnos y encontrarnos a través de *Hambre de hombre* nos permitirá elegir mejor a nuestra pareja, crear relaciones más sanas, trabajar en nuestras heridas de infancia pero, sobre todo, nos ayudará a descubrirnos a nosotras mismas desde un lugar más amoroso, en el cual sólo aceptaremos hombres en nuestra vida que nos lleven a un mejor entendimiento y evolución.

Debemos tener presente que hasta que la mujer se habite en su plenitud dejará de mendigar cariño y de tener HAMBRE DE HOMBRE. Sólo si vive satisfecha con lo que es podrá construir una relación satisfactoria, primero con ella misma y luego con el hombre que elija, así vivirá en una vibración alta y deliciosa, como lo es el verdadero AMOR

Martha Carrillo

INTRODUCCIÓN

Hambre de hombre parece una idea fuerte. Pero cuando analizamos elecciones, actitudes y acciones con las que hemos vivido y nuestra búsqueda de amor, podríamos decir que ilustra con claridad la manera en que hemos buscado ser amadas a cualquier precio.

Hambre de hombre es el resultado de muchos prejuicios colectivos respecto al amor y a lo que las mujeres deberíamos hacer para ser buenas, bonitas, aceptadas, suficientes. La familia, la cultura, la religión, las novelas, la moda y todo lo que educa, nos llevan a ideas como: "Una mujer sola es una quedada", "No tener pareja es estar sola", "Si pasas de los treinta y no te has casado, ¡peligro!, la caducidad se acerca." O bien, si no tienes hijos, se piensa: "Pobre, quién la va a cuidar", etcétera. La concepción de las mujeres solas y abandonadas, sin un hombre a su lado, hace que nos defina un sentido de urgencia y de minusvalía si carecemos de pareja.

Recordemos que la generación de nuestras madres fue educada con base en el hambre de hombre; incluso tu madre pudo ser un modelo de hambre de hombre y te heredó toda una visión del amor y las relaciones, y quizá a ello se agregó el modelo de un padre ausente, infiel, infantil, etcétera.

Este libro es el resultado de un proceso con mi propia hambre de hombre y con las mujeres a las que he acompañado a lo largo de diez años de trabajo en los talleres y las terapias que imparto. Sin duda, todo lo que nutre estas páginas son experiencias reales de mujeres que desean complacer, que buscan en los hombres al príncipe, a su padre, al amor en un hombre en quien no confían, un hombre que llene todos sus anhelos de reconocimiento, protección, caricias, afecto, sin entender que eso no existe y no es sano.

Mi historia de vida en general —la ausencia de mi padre, mi relación con los hombres, mi autoestima herida— me ha dado la oportunidad de compartir en este libro mi propio proceso de salir del hambre de hombre. Este libro no te ofrece conceptos e ideas bonitas sino experiencias reales, ejercicios, herramientas probadas en muchas mujeres —incluida yo— y que nos han ayudado a amarnos más a nosotras mismas y dejar de buscar fuera lo que no somos capaces de darnos.

Decidí trabajar con mujeres porque viví muchos años sin autoestima, con hambre de hombre; porque tuve experiencias de abandono en mi infancia que me hicieron sentir poco valiosa y merecedora del amor de un hombre. Mi padre siempre estuvo ausente en mi vida, por lo que aprendí que no era valiosa y el amor y la protección de un hombre no eran para mí. La falta de padre me dejó con mucha necesidad de sentirme querida, protegida y aceptada. Y cuando crecí, comencé a relacionarme con hombres como una niña que busca amor a toda costa: desde el hambre de afecto y el enojo que sentí hacia mi padre.

Mis relaciones de pareja fueron con hombres mayores que yo. De alguna manera, no sabía relacionarme porque tenía mucho miedo de ser abandonada y traicionada, como mi padre hizo con mi mamá; y, por otro lado, tenía mucha necesidad de cariño y afecto, lo cual creaba relaciones desde una parte de mi niña herida y desde mi parte defensiva y controladora.

Yo trabajé desde muy chica, tenía que crecer rápido y asumir responsabilidades de adulta por las circunstancias de mi infancia. Recuerdo la imagen de mí misma a los 23 años, cuando ya era toda una ejecutiva: tenía mi propio negocio, una imagen de mujer fuerte, segura, competitiva, un auto grande y vestía traje sastre. Entonces creía poseer una seguridad férrea, cualquiera podría verlo, yo era "exitosa". Sentía que tenía buena autoestima porque me compraba cosas bonitas, un buen auto y era exitosa en mi trabajo. Sin embargo, detrás de esa máscara de mujer autosuficiente había una niña llena de miedo y carente de afecto, que se cubría con maquillaje, zapatillas y un trabajo próspero, pero en el fondo tenía hambre de amor y protección.

En esa época conocí a mi primer esposo, tenía 42 años y yo veintitrés. Nunca vi la realidad: él era un hombre desprovisto en todos los sentidos: nunca tenía dinero, no tenía un trabajo estable, vivía con su madre y carecía de capacidad afectiva. Desde el principio mostró quién era, pero yo no tuve capacidad para darme cuenta. Quise ver lo que yo necesitaba que fuera, y simplemente forje una historia propia en mi mente, a pesar de que la realidad estaba muy lejos de todo lo que había fantaseado respecto a ese hombre. No obstante, la verdad se va haciendo presente de manera frustrante y dolorosa cuando no deseamos verla.

A los diez meses de relación me embaracé y nos casamos. Yo trabajaba para él, vivía con él, hacía todo con relación a él, buscando que aflorara el príncipe imaginado. Hacía cosas para ser valorada. Aunque yo era muy demandante, muchas veces me sentí molesta por su falta de protección y afecto, algo que él no sabía dar, a mí ni a nadie.

Cuando tenemos hambre de hombre, al principio vemos en ellos lo que queremos o necesitamos, ponemos todas nuestras carencias en ellos, y después "el príncipe" se cae en pedazos encima de nosotras. En mi caso, ni él ni yo sabíamos dar amor. Siempre me sentí ignorada, descalificada y abandonada. Desde luego, yo me sentía así desde mi infancia. Por mi parte, pasaba una factura muy alta de afecto que nadie podía pagar, y menos él, que necesitaba de alguien para cuidarlo.

Mi matrimonio duró cinco años, muy aleccionadores. En esta relación se cayó ante mis ojos mi máscara de mujer independiente. Vi una gran ausencia de autoestima y una enorme necesidad de ser querida y aceptada. Después de mucho dolor y de entender que no merecíamos esto, me preparé para salir de esa relación;

ahorré dinero y me mudé a un departamento con mi hijo para empezar una nueva vida.

Todo lo que implica separación es difícil y doloroso, pero pasados los primeros momentos todo resultó mucho mejor que lo vivido. Hoy entiendo que ésta y otras relaciones establecidas desde la carencia nunca hubieran funcionado si trabajaba desde el enojo hacia mi padre, con mi miedo a ser lastimada y mi falta de compromiso, vulnerabilidad y autoestima: con todos esos aspectos que me llevaban a relaciones donde yo quería ser la mamá de ellos o donde buscaba papá y el amor que tanto anhelaba no sabía vivirlo; no había espacio para eso, lo único que encontraba era necesidad de mi parte y facturas pendientes con la vida.

Por más de diez años he trabajado con mujeres. Veo que somos muchas las que, por una parte, desarrollamos autosuficiencia profesional pero en las relaciones afectivas conservamos nuestra fragilidad y dependencia. Que por una parte somos seguras y autosuficientes, pero por otra somos frágiles y temerosas. Este libro es fruto de esas experiencias, y espero que a través de sus páginas las mujeres con hambre sanen y dejen de asumir todos los mensajes culturales acerca de lo que debemos ser, y podamos sanar nuestra historia, nuestras heridas de la infancia, construir la relación más importante y que siempre nos acompañará, la relación contigo misma.

Actualmente, las mujeres vivimos un importante proceso de transición, de cambio; buscamos la libertad pero que nos cuiden; ser nosotras mismas pero apoyando nuestra identidad en algo externo; somos capaces de ser independientes pero deseamos que nos paguen las cuentas. A veces parece muy complicado vivir todo, como si convivieran dos seres en nuestro interior: uno que sigue los viejos patrones de fragilidad, dependencia, pasividad; otra que busca ser ella misma, decidir, desarrollarse, ser libre y poderosa.

Creo que la convivencia de esas dos partes en cada una de nosotras es normal, porque venimos de un modelo de mujer pasiva, dependiente y sufriente, ese modelo de las películas de Libertad

Lamarque y Marga López, donde la verdadera mujer era sacrificada y amaba más allá de sí misma. Estas ideas educaron a nuestras madres. Y ahora nosotras traemos el chip de supermujer, la que todo lo puede, es independiente, exitosa, tiene hijos, marido, trabaja y todo lo puede. ¿Será por eso que uno de los medicamentos preferidos de las mujeres hoy sea para quitar el dolor de cabeza? ¿Será por tanta exigencia de ser supermujer?

Si observas bien, ambas mujeres viven en ti. Por momentos, la Marga López interna surge como una gran víctima, y en otros eres segura y determinada, como la dama de hierro.

En el proceso para sanarnos me doy cuenta de que es muy importante trabajar con nuestra niña herida y nuestras hambres de la infancia, así como recuperar la imagen de lo femenino, verdadero y poderoso. En un mundo masculinizado hemos perdido nuestros valores y dejado de sentirnos orgullosas de ser mujeres y expresarnos desde la parte sanadora y amorosa de lo femenino.

Esta masculinización femenina nos deja una visión de las mujeres como frágiles, dependientes, chismosas, conflictivas, intolerantes, competitivas, criticonas, manipuladoras, rivales una de otra... Cuando escribo esto, me doy cuenta de que me duele ver qué tan equivocada está dicha imagen. Esto es producto de una baja autoestima colectiva, reflejo de muchos factores que exploraremos a lo largo del libro.

Primero necesitamos reconocer todos los prejuicios y hábitos dañinos con que nos tratamos y vemos a nosotras mismas; muchos han sido inculcados por toda una cultura de lo que las mujeres somos y debemos ser. Hay que preguntarnos, ¿quién soy?, ¿qué siento?, ¿qué necesito?, para llegar a ti misma y vivir una sana relación contigo y tu entorno.

Este libro te ayudará a mirarte y a reconocer hasta qué punto tu infancia, el modelo de tu madre, tu padre y toda una cultura, ha fomentado una imagen de ti misma con poca conexión con lo que de verdad eres y con una necesidad de hambre de hombre. Observarás lo que tu niña aprendió de sí misma en su infancia y cómo eso no permite construir una relación de pareja sana o muchas veces sentir duda y falta de confianza a la hora de vivir el amor.

Quiero que te quedes con mis palabras, tanto si participaste en los talleres que imparto o es la primera vez que, mediante este libro, tienes contacto con mis ideas. Me gustaría ser tu terapeuta de cabecera y cuando sientas que vuelve el dolor de la infancia o deseas relacionarte con un hombre desde el hambre, recuerdes que eres valiosa y merecedora de experiencias llenas de amor.

Descubrirás cosas de las que quizá no seas tan consciente ahora. Mirarás partes de ti misma mediante los testimonios de otras mujeres que, como a ti, les duele el abandono, la traición, la indiferencia; ser muy exitosas pero sentirse solas y no saber cómo establecer una relación sana con un hombre o con la vida. En lo fundamental no somos tan diferentes una de otra; el dolor de una mujer, la historia de otra y la alegría, es algo que está en todas las mujeres, por eso al escuchar a una nos escuchamos todas.

Con mucha esperanza, espero que en cada capítulo encuentres una posibilidad de hacer un viaje al interior de tu alma femenina, para mirar todas las experiencias, personas, creencias, dolores que hoy te hacen ser quien eres. A veces ese viaje interno te llevará al dolor y a los recuerdos ingratos de la infancia. No evites el dolor porque es un gran aliado cuando lo reconoces desde la conciencia. Ése es el camino: romperte y reconstruirte como algo consciente y mejor.

Finalmente, este libro busca llevarte a una conciencia de ti misma y darte herramientas para sanarte, con pareja o sin pareja pero crecida, consciente y en paz, con un camino claro para vivir desde el amor propio. Este libro te ayudará a hacer consciente a tu niña interior y convertirte en una buena madre-padre de ti misma, sabiendo que puedes sanar por medio de relaciones sanas y conscientes que tú misma puedes construir con todos tus vínculos. Te invito a vivirlo a lo largo de sus páginas.

Y recuerda: "Si construyes una relación de pareja sin autoestima, la destruyes."

¿Tú tienes hambre de hombre?

1. ¿En tu infancia tu padre estuvo ausente física o afectivamente?
2. ¿Sueles tener relaciones con hombres a los que das, resuelves problemas, apoyas, aconsejas, escuchas y buscas rescatar?
3. ¿Sueles atraer hombres egoístas, violentos, alcohólicos, mujeriegos, casados y que te hacen sentir no querida?
4. ¿Sueles pensar que tu pareja cambiará gracias a tu amor, o que él ha sufrido mucho y tú lo ayudarás a sacar lo mejor de sí mismo?
5. ¿Eres independiente económicamente y exitosa en el trabajo, pero en las relaciones de pareja te descompones?
6. ¿Haces cosas fuera de control, berrinches y expresiones de inmadurez que te hacen sentir que no eres tú?
7. ¿Eres competitiva, descalificadora y no sabes ser vulnerable con los hombres? ¿Sientes que te van a lastimar?
8. ¿Te cuesta poner límites, terminar con las relaciones de pareja porque no sabes estar sola?
9. ¿Sueles justificar o sentir que eres responsable de las faltas de respeto, la ausencia, los celos, el control, la indiferencia o la traición de tu pareja?
10. ¿Sueles ser celosa y controladora con tu pareja? ¿Haces cosas que te comprueben que él es fiel, como ver la agenda de su teléfono, revisar su ropa, saber a dónde y con quién va, checar su facebook, hackear su *mail*, etcétera?
11 ¿Suelen aburrirte los hombres confiables, estables, responsables y de verdad interesados en ti? ¿Y sueles enamorarte de los inestables, ausentes, infieles y egocéntricos?

12. ¿Cuando tienes pareja él es tu mundo, dejas de ver a tus amigas, haces todo con él; no tienes espacios para ti, tu fuente de afecto está en él y tu identidad está en el mundo con él; pasan muchas horas juntos o quisieras estar todo el tiempo a su lado?

13. ¿Tienes muchos años sola y te cuesta establecer una relación de pareja porque sientes que volverás a sufrir y tu última relación fue dolorosa porque viviste traición o abandono?

CAPÍTULO

1

Prejuicios culturales que fomentan el hambre de hombre

No es casualidad que tus amigas, hermanas, primas y muchas mujeres a tu alrededor tengan relaciones de pareja conflictivas, en las que hay traición, insatisfacción, conflicto, enojo. Evidentemente, no es casual. Hay varios factores que nos educan en la cultura del hambre de hombre y provocan esto. Recibimos cientos de mensajes diarios que alimentan nuestra hambre de hombre. Entre ellos está un factor fundamental: la familia, con la ausencia de un padre, de su afecto y cuidado. Por otro lado, la religión. Estamos muy influidos por la religión católica —al menos en México es la religión con más adeptos—, la cual ha construido muchos prejuicios contra la mujer. Hay muchas creencias que nos califican de pecadoras, tentadoras e inferiores; además de que la religión predica que debemos ser sumisas y abnegadas. Otro factor cultural es ser bombardeadas con lo que "debemos hacer" para que nos quieran, nos miren, nos amen, y sentirnos bien. Esos mensajes fomentan una imagen superficial, vacía y denigrada de nosotras mismas. Todo lo que recibimos culturalmente nos hace creer que necesitamos muchas cosas para estar completas. En seguida veremos con más detalle todos estos factores.

Prejuicios religiosos

La mayoría de nosotras fue bautizada en la religión católica. Eso no está mal, por supuesto. Pero las enseñanzas de Jesús son una cosa y cómo las ha interpretado la religión es otra. Muchos de los principios de la religión católica son profundamente misóginos y promueven una imagen muy denigrada de la mujer.

¿Por qué no hay sacerdotisas o papisas que representen a la Iglesia?, ¿por qué las mujeres siempre son monjas cuya función es servir en un nivel jerárquico inferior?, ¿por qué se promueve sólo una imagen de Dios padre masculino y no hay diosas femeninas?, ¿por qué los sacerdotes o curas no pueden casarse con una mujer?, ¿qué idea nos deja haber nacido de la costilla de Adán?, ¿qué imagen de nosotras mismas nos queda después de pensar que gracias a Eva fuimos expulsados del paraíso?, ¿por qué se promueve el concepto de las mujeres como madres abnegadas y obedientes, semejantes a la Virgen María? Todas estas cuestiones me llevan a una pregunta mayor: ¿cómo afecta todo esto la imagen que tenemos de nosotras mismas? Porque todo esto deja una idea muy empobrecida de lo que es ser mujer.

La figura femenina que la religión católica promueve es la de virgen, la imagen de la madre de Jesús, cuyo único rol es ser mamá. Eso fue lo único que nos dejaron como referencia de la energía femenina. ¿Lo femenino sólo está relacionado con la maternidad? Ésa es una visión muy limitada: las mujeres como madres que nutren, y punto.

En otras culturas hay diferentes representaciones de lo femenino, igualmente valiosas e importantes: cazadoras como Artemisa; guerreras como Kali; diosas de la vida y de la muerte, como Coatlicue en la cultura mexica, o las diosas del amor como Afrodita en Grecia o Inanna en Sumeria, y muchas otras en la Antigüedad que representaban la lucha, la espiritualidad, la estrategia, la renovación, la complejidad y la riqueza del alma femenina, y no sólo en su rol de madres.

¿Todo esto debe influir en nuestra manera de mirarnos? Yo pienso que sí y mucho. Las mujeres tenemos distintas fuerzas y papeles necesarios para ser felices y contribuir a que la sociedad también lo sea. Conocer las energías sagradas de lo femenino en las culturas antiguas ha sido muy importante para mí; saber que la unión, la nutrición, la gestación de nuevas realidades, la capacidad de conservar, nutrir, crecer, educar en los valores humanos, sentir, intuir, la espiritualidad, la capacidad empática, la creatividad, el corazón compasivo, la capacidad de ver a los demás, de conservación de la naturaleza y los valores fundamentales, todas las cualidades femeninas que se aplican no sólo en el rol de madres, sino en el que por naturaleza podemos desempeñar en la complejidad femenina.

Otro aspecto del catolisismo es la interpretación del mito de Adan y Eva. Vamos a analizarlo. ¿Cuáles son las ideas que vienen a tu mente respecto a Eva? En general, la de la primera mujer que tienta al hombre, ambiciosa, que lo convence para comer de la manzana prohibida, y así nos expulsaron del paraíso y condenaron a vivir con dolor. La idea de que Eva nació de la costilla de Adán, además de todas las implicaciones de esta imagen en nuestra psique, es uno de los fundamentos del hambre de hombre en la religión.

Leamos la sentencia que encontramos en la Biblia cuando Dios se da cuenta de que comieron el fruto prohibido:

Y Dios dijo a la mujer: "¿Por qué lo has hecho?", y contestó: "La serpiente me sedujo y comí." Dios dijo a la mujer: "Tantas haré tus fatigas cuantos sean tus embarazos: con dolor parirás los hijos, hacia tu marido irá tu apetencia, y él te dominará" (Génesis 3: 16).

Lee de nuevo la última frase. Eso implanta una visión de que las mujeres debemos ser sometidas y obedientes con los hombres, además de tener apetencia de él. De seguro, todas estas ideas nos impactaron desde pequeñas pero en ese momento no teníamos el criterio y la madurez para rechazarlas o ponerlas en duda; posiblemente, las aceptamos sin reservas y eso afectó la imagen que construimos a nivel colectivo tanto de mujeres como de hombres. ¡No podemos seguir viviendo con estas ideas y nutriendo con eso nuestro inconsciente!

La infantil interpretación de este mito, que es simbólico y no literal como nos han enseñado, ha traído consecuencias lamentables en la imagen que las mujeres tenemos de nosotras mismas y la que tienen los hombres de sí mismos y de nosotras.

Es increíble la identificación con la Eva pecadora, manipuladora, ambiciosa y símbolo del mal que hemos adoptado las mujeres. Hoy está de moda la Eva pecadora. Hoy el ideal de belleza femenina es piel con bótox, enormes bubis y nalgas, lindos labios; en pocas palabras, mujeres tentadoras y pecadoras tipo Eva. No nos merecemos esto, no debemos seguir alimentando estas imágenes tan vacías, vulgares y superficiales, que niegan la verdadera belleza de lo femenino que puede ser erótica pero con elegancia y sutileza, es decir, con verdadero erotismo. Muchas mujeres que han luchado por tener una imagen perfecta saben que el vacío está en el fondo y no en la forma.

¿Has oído hablar de Lilith? Cuenta la leyenda que fue creada del mismo barro que Adán. Cuando ambos se miraron, se reconocieron y desearon estar juntos. Pero Adán quiso imponer su poder viril a Lilith y someterla. Ella dijo: "Si somos iguales puesto que nacimos al mismo tiempo, ¿por qué he de estar yo abajo y tú encima?" Acto seguido, escapó corriendo. Adán quería alcanzarla, pero ella era muy ágil, así que él pidió ayuda al Creador: "Envía a tres ángeles para que le transmitan a Lilith que la mujer ha de obedecer al varón y someterse a él." Ella no estuvo de acuerdo con esta premisa, así que abandonó para siempre el paraíso y se refugió en el lado oscuro de la luna.

Por eso, después Dios creó a Eva de la costilla de Adán, para que se sometiera a él. En nuestro mundo es mucho más aceptada la imagen de Eva que la de Lilith, rebelde y libre: es la representación de la mujer independiente y empoderada. Sus rasgos son la autonomía, la confianza en el propio criterio y la vinculación con el propio ser y el propio deseo. Lilith nos ofrece otra cara de la mujer como ser autónomo que elige lo que quiere.

Lo femenino espiritual se expresa en la intuición. Esa capacidad de certeza interior, de unir personas, criterios, ideales. Y es que se necesita energía femenina para unificar; el líder de un equipo necesita energía femenina, sea hombre o mujer, para integrar y cohesionar a su equipo. Es la capacidad de gestar —no sólo en lo físico—, sino preparar y gestar en el interior nuevos proyectos y realidades, para promover ideas y planes. Es la capacidad de vincularnos, de intimar, sentir y dejar sentir, de preservar valores atemporales y educar en ellos, no sólo a los hijos sino a todos los individuos. Ésta es la visión de respeto y amor por la naturaleza y sus ciclos. En las culturas de la Antigüedad la madre siempre era representada por la tierra, como símbolo de lo femenino abundante, generoso, cíclico, dador de vida, siempre fértil, presta a la energía, al movimiento. Lo femenino auténtico es sanador para todos. Por ello debemos saber cómo expresarlo en todos los roles que vivimos y dejar de pensar que para ser felices y poderosas hay que ser hombres.

Seguir los preceptos de una religión es válido, por supuesto. Pero quizá valga la pena preguntar si la imagen promovida de la mujer en estas religiones origina una posición pasiva y sumisa, y elegir si esto es lo que en verdad queremos. Nuestras madres y abuelas cargaron con todas estas ideas y por eso seguían el modelo de las sacrificadas y buenas mamás, tipo "mamá sopita de fideo", que se sujetaban desde su crecimiento, a las ideas de seguridad según necesidades ajenas para ser excelentes madres.

Ahora es urgente recuperar una imagen de lo femenino como algo sagrado, sanador y poderoso.

Prejuicio del culto a la imagen

Día a día, por todos los medios de comunicación —radio, prensa, televisión, Internet, publicidad exterior— recibimos bombardeos impresionantes de lo que las mujeres debemos consumir para ser; recibimos mensajes de todo lo que las mujeres debemos hacer para que nos quieran, miren, amen, en una palabra para sentirnos bien. Tales mensajes fomentan una imagen muy superficial de nosotras, que compramos fácilmente porque estamos alejadas de lo que en verdad somos.

En la actualidad, el culto a la imagen es muy fuerte y las grandes consumidoras somos las mujeres. ¿Por qué sucede esto? Es importante reflexionar sobre lo que buscamos, porque muchas mujeres ponen en riesgo su vida por verse más deseables en lo físico. Hemos convertido lo naturalmente femenino —la coquetería, la sensualidad, la atracción— en una práctica extrema y vanidosa nada sana.

Hoy en día, las niñas, las jovencitas de secundaria, por celular mandan imágenes de ellas desnudas o en ropa interior a los hombres que desean salgan con ellas; viven una competencia fuertísima por ser la más popular, bonita, delgada, desinhibida, atrevida; sin hablar de los problemas de anorexia y bulimia por ser delgadas. A los doce años piden a sus padres operaciones de nariz e implantes mamarios.

¿Qué están aprendiendo las mujeres y de dónde les llegan todos estos mensajes? Es toda una cultura que incluye los valores familiares, un sistema entero. Las mujeres aprendemos de otras cómo ser y aceptar nuestra feminidad, nuestra belleza, nuestro cuerpo, a sentirnos orgullosas de ser mujeres y recibir nuestra capacidad de ser madres. Todo lo femenino lo aprendemos de nuestras madres y las figuras femeninas importantes en nuestra vida. ¿Qué te enseñó tu madre y qué le enseñas a tus hijas? Reflexiona.

Cuántas veces estos modelos de belleza tan irreales nos han hecho pelearnos con nuestro cuerpo, sentir que somos feas y gordas. Cuántas mujeres de complexión robusta han vivido peleadas con su cuerpo a causa de esta visión de la "belleza" —sólo es delgada la talla cero—, negando las diferentes constituciones y formas de los cuerpos que cada una tiene.

"Cuando estás frente al espejo ves la imagen interior que tienes de ti misma, de rechazo y enojo, o de aceptación y respeto."

Poner tanto valor a la imagen nos hace perder de vista que en ella no consiste la plenitud duradera. Después de una liposucción por un momento te sentirás bien, bueno, no de inmediato, porque estás llena de moretones y dolores, pero pasado eso sentirás que valió la pena. Sin embargo, más adelante, los patrones, las ideas y los hábitos de enojo y rechazo te cobrarán factura. Casi siempre las mujeres que sienten bienestar en estas prácticas se vuelven adictas a hacerlo una y otra vez porque no encuentran otra forma de sentirse bien. Me pregunto: ¿si trabajamos por aceptarnos, respetarnos y querernos, querríamos después operarnos?

Cuando te sientes bien con quien eres, con tus pensamientos, con tu manera de ser y resolver la vida, hay una armonía interior que se nota y lo proyectas. Y eso viene de adentro, de vivir con autoestima, sin guerra contigo y lo que eres.

Por ejemplo, en torno a la dignidad y la autoestima de nuestra feminidad, hace algunos años la compañía de cosméticos Dove lanzó la campaña "Por una belleza real". Te invito a que veas los promocionales, los puedes encontrar en YouTube o en la página www.porunabellezareal.com. Te pido que reflexiones acerca de la imagen que compramos en los mensajes de los medios de comunicación.

No importa que la forma sea bella si en el fondo no hay autoestima, aceptación de quién y cómo eres. Físicamente puedes ser la mujer perfecta, pero sentirte y hacer que te traten como el peor trapo sucio de la cocina. No bastan las cirugías, las liposucciones, los implantes… necesitamos una cirugía interior, una liposucción de prejuicios y creencias, y un implante de una imagen más clara de nuestro valor como mujer. Sí, el trabajo es interior.

Cuidarte es muy bueno, cuidar tu cuerpo, ser femenina y coqueta, pero no hay que perder la medida de lo sano: si te pone en riesgo, si pone en riesgo tu salud, ya no es sano. Arriesgarte habla de una carencia interior que no se cura con nada exterior, sólo con trabajo personal.

Observa la letra de la música que escuchas, los comerciales, las novelas, los espectaculares, la moda. Todo lo que vemos y nos gusta fomenta una imagen de la mujer con hambre de hombre, que busca ser amada a cualquier precio.

El prejuicio de "todas somos mamás"

Las mujeres fuimos educadas para estar en pareja, para tener familia, para cuidar de otros sin importar que no tengamos vocación de mamás o para la vida familiar; incluso no todas tenemos vocación de pareja, no nos educaron para elegir entre varias posibilidades, sea trabajar, vivir solas, ser atletas, viajar, ser libres y construir nuestros sueños.

Antes sólo había una idea para todas las mujeres: casarse y tener hijos. Como si no hubiera otra opción. El razonamiento era éste: si somos mujeres, entonces tendremos un esposo y seremos madres.

Las mamás decían cosas como ésta: "Búscate un rico para que pague tus gustos." Eso deja una idea en el inconsciente: para conseguir lo que quiero alguien tiene que dármelo. ¿Qué hubiera pasado si en vez de decirnos "vas a tener que conseguir un rico", nos hubieran dicho: "Te gusta la buena vida, qué bien, tienes toda la capacidad para trabajar y tenerla"? Pero no fue así. Se fomentaba la idea de que la vida que deseábamos nos la tenía que dar un hombre.

Crecemos con la idea de que la realización femenina se da a partir de una pareja y de la maternidad. ¿Recuerdas cómo tu familia alimentaba esto? ¿Con qué ideas acerca de cómo ser feliz creciste? Las ideas sembradas socialmente nos construyen una falsa necesidad, como si algo nos faltara, como si algo estuviera mal si decidimos estar solas y no ser mamás y dedicarnos a trabajar, viajar o cualquier otra cosa.

¿Has viajado sola? ¿Has ido al cine sola? ¿Has hecho una cita sólo contigo para comer en un restaurante que te guste? Porque disfrutas de la presencia de tus pensamientos y quieres estar un tiempo contigo, con tus silencios. En general, no sabemos cómo hacerlo, nos sentimos observadas y juzgadas. Las mujeres que saben estar solas, que dialogan consigo mismas y satisfacen sus necesidades en muchos ámbitos, tienen parejas más libres porque no les asusta la soledad.

Hace varios años tuve una alumna que aprendía a crear espacios con ella misma. Un domingo fue a desayunar a un restaurante. De pronto, un payaso que estaba haciendo globofexia para los niños se acercó, la miró y dijo en voz alta: "Miren a esta pobre mujer aquí sola, no tiene quién la acompañe." Ya te imaginarás lo incómodo que fue para ella porque no estaba acostumbrada a hacerlo. Esos son reflejos de la educación que tenemos respecto a la mujer sola.

Hace poco leí el artículo, "Mujeres famosas y ricas pero solas". El texto concluía: "pobres, están solas; no tienen una pareja." ¡Como si eso estuviera mal! Pero es una realidad, estas ideas siguen presentes en el inconsciente colectivo de mujeres y hombres. Una mujer que elige vivir no está sola realmente. Estar sola es no tener relaciones nutritivas y amorosas en tu vida. Estar sola es no tener con quién contar cuando necesitas algo. Muchas mujeres viven en pareja por años y están más solas que nadie, o viven con una pareja aguantando una relación destructiva con tal de no estar solas, cuando en realidad llevan mucho tiempo en compañía pero aisladas, que es la peor de las soledades. Vivir sola no quiere decir que estés sola, si logras construir afectos en tu vida que sean un verdadero apoyo y una real riqueza. Soltemos la idea de la soledad como una maldición porque nos lleva directo al hambre.

Quiero compartirte un cuento. Me parece que aporta una visión muy clara sobre lo que nos cuesta tanto trabajo a las mujeres. Muchas veces esto se logra cuando desarrollamos la capacidad de estar plenas en momentos de soledad. Este cuento se titula "¿Qué es lo que más quiere una mujer?", ¿te lo sabes? Más o menos va así:

En las épocas de juventud del rey Arturo, estando con su escudero Lancelot, tuvieron la osadía de tomar frutos del jardín del reino vecino. El rey se dio cuenta y los atrapó. Muy molesto por el robo le dijo a Arturo que ésa era una ofensa que no permitiría y estaba condenado a muerte. Arturo, lleno de miedo y arrepentido, le pidió disculpas al rey y le preguntó si podía hacer algo para salvar su vida, cualquier cosa y él lo haría. Justamente el rey pasaba por momentos de conflicto con su esposa, así que, viendo a Arturo le dijo: "Está bien, te daré una oportunidad. Te voy a dar un año para que me traigas esta respuesta. ¿Qué es lo que más quiere una mujer?" Arturo dio su palabra de que regresaría en un año con la respuesta, de lo contrario aceptaría la pena de muerte.

Durante ese año Arturo recorrió aldeas y comarcas, preguntó a mujeres de distintas edades y rangos, pero no obtuvo una respuesta convincente. Le decían dinero, joyas, trabajo, hijos, esposo, viajar, poder; todas respondían cosas diferentes y nada en concreto. El año estaba a punto de terminar cuando un amigo le dijo: "Ve con la bruja sabia, te dará la respuesta que buscas. Ella vive en las montañas y seguro sabrá qué es lo que más desea una mujer."

Arturo caminó por días hasta llegar a las montañas donde estaba el acceso a una cueva oscura y misteriosa. Entró con su fiel amigo Lancelot y juntos vieron a la mujer más horrible y sucia que jamás habían visto: uñas largas, despeinada y sucia, dientes llenos de sarro y, evidentemente, sin un baño desde hacía años. Arturo se presentó lleno de respeto y le dijo que había llegado desde muy lejos para que respondiera una pregunta que le salvaría la vida. La mujer le dijo que ya lo sabía y tenía la respuesta, pero había una

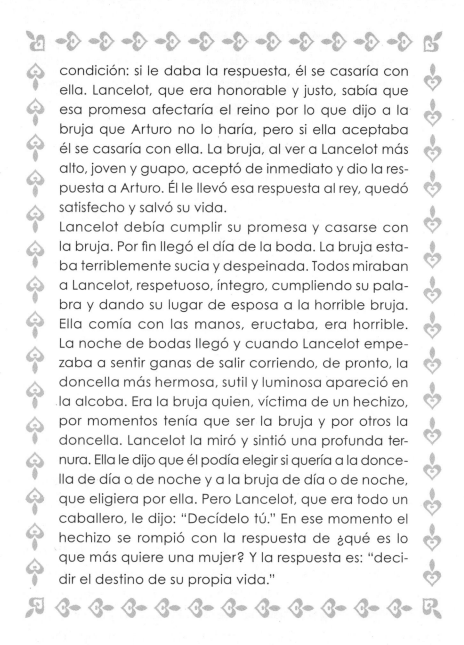

condición: si le daba la respuesta, él se casaría con ella. Lancelot, que era honorable y justo, sabía que esa promesa afectaría el reino por lo que dijo a la bruja que Arturo no lo haría, pero si ella aceptaba él se casaría con ella. La bruja, al ver a Lancelot más alto, joven y guapo, aceptó de inmediato y dio la respuesta a Arturo. Él le llevó esa respuesta al rey, quedó satisfecho y salvó su vida.

Lancelot debía cumplir su promesa y casarse con la bruja. Por fin llegó el día de la boda. La bruja estaba terriblemente sucia y despeinada. Todos miraban a Lancelot, respetuoso, íntegro, cumpliendo su palabra y dando su lugar de esposa a la horrible bruja. Ella comía con las manos, eructaba, era horrible. La noche de bodas llegó y cuando Lancelot empezaba a sentir ganas de salir corriendo, de pronto, la doncella más hermosa, sutil y luminosa apareció en la alcoba. Era la bruja quien, víctima de un hechizo, por momentos tenía que ser la bruja y por otros la doncella. Lancelot la miró y sintió una profunda ternura. Ella le dijo que él podía elegir si quería a la doncella de día o de noche y a la bruja de día o de noche, que eligiera por ella. Pero Lancelot, que era todo un caballero, le dijo: "Decídelo tú." En ese momento el hechizo se rompió con la respuesta de ¿qué es lo que más quiere una mujer? Y la respuesta es: "decidir el destino de su propia vida."

Me encanta este cuento porque por años las mujeres hemos sido enseñadas para complacer, girar en torno a otros, ser lo que esperan de nosotras: ser buena madre, esposa, hija, amiga, profesionista. Y no es que eso esté mal, lo que está mal es no preguntarte nunca si en verdad lo quieres, si te hace feliz o sólo lo eliges para cumplir lo que los otros esperan de ti y ser querida.

La masculinización femenina

La generación de nuestras madres fue educada para tener hambre de hombre, ser cuidadas, dependientes, sentirse desprotegidas sin una pareja. Cargaban un peso enorme si no se casaban, porque no serían mamás ni tendrían hijos. Vivieron en una cultura que esperaba fueran mujeres sacrificadas, víctimas, generosas y obedientes a los mandatos del hombre.

¿Cuántas de estas mujeres fueron felices? ¿Cuántas querían casarse? ¿Cuántas decidieron tener hijos conscientemente? O simplemente era lo que les tocaba. Si aún ahora esto pesa, en nuestras madres pesaba mucho más. Si nosotras con tantas herramientas seguimos replicando modelos pasivos, de seguro para nuestras madres fue mucho más difícil y sus mandatos de ser buenas, sacrificadas, dependientes de sus esposos o de un hombre que las cuidara, fue más fuerte.

Crecimos con una idea de lo femenino muy negativa gracias a este modelo de madres sacrificadas y víctimas. Tu madre juega un papel importante en la conciencia de ti misma porque ella indica qué es ser mujer, cómo es ser mujer, en pocas palabras, es tu referencia de lo femenino. Nos identificamos con ella porque somos del mismo sexo, ella es nosotras. Nos daremos cuenta de que tener una relación sana con nuestra madre, aceptarla, perdonarla e integrarla, nos permitirá no estar peleadas con nosotras mismas y con la naturaleza femenina de la cual somos parte. Su manera de vivir, su relación con tu padre, su actitud de sacrificio, su falta de límites y amor propio, pudo haberte hecho sentir enojada con ella o simplemente crear una aversión a la posibilidad de ser como tu mamá, y entonces buscaste otra referencia para tener un modelo de cómo ser. Tal vez tu padre pudo haber sido mejor referencia para ti: independiente, proveedor; que sale a la calle, trabaja, tiene su propio dinero, le sirven la sopa y no tiene que educar a los hijos.

Hacerse cargo de las labores del hogar, lidiar con los conflictos de la casa, girar en torno a los demás, pudo no ser de gran inspiración como modelo a seguir. Una madre que siempre piensa en todos y cubre las necesidades de todos, excepto las de ella misma.

Ante esta disyuntiva muchas mujeres eligen de forma inconsciente ser como su papá. Hay padres que le dicen a su hija: "Cuando seas grande, siempre debes trabajar y ser independiente", o de plano: "No seas como tu mamá." O incluso su propia madre les decía: "Cuando crezcas nunca permitas lo que yo permití", o "Tienes que estudiar, nunca depender de un hombre, ser fuerte", "Cuando crezcas no seas como yo."

Esto nos hizo crecer desconectadas del verdadero valor de lo femenino y con fuertes tendencias a lo masculino. Hoy las mujeres somos muy masculinas y tenemos ideas falsas acerca de ser mujeres. Desde un desconocimiento de lo femenino poderoso, aprendimos que lo femenino es debilidad, sacrificio o superficialidad, y no todo lo abundante y sanador que es lo femenino en la vida en todas sus manifestaciones. Esta desconexión de nosotras mismas desde nuestra cualidad femenina nos debilita porque intentar parecernos a los hombres va en detrimento de nuestra naturaleza, porque al ser mujeres predomina nuestra energía femenina.

Me pregunto si esta falta de expresión de energía femenina tendrá relación con los altos porcentajes de cáncer de mama y cervicouterino. Sé que suena fuerte, pero habría que cuestionarnos qué pasa. Ambos son órganos sexuales femeninos, los senos son un símbolo por excelencia de la maternidad y de la capacidad nutricia de lo femenino; el útero es el receptáculo, tiene la capacidad gestadora, de creación y expresión femenina. Esos órganos se nutren de energía en ese sentido. Cuando alimentamos, gestamos, creamos en todos los ámbitos de la vida, tanto físico como energético, y proyectamos la capacidad femenina de nutrir y gestar en todos los planos de nuestra vida.

¿Qué pasa con la capacidad de nutrir y de gestar, es decir, la expresión de la feminidad? No sólo nutrir y gestar físicamente, sino también en los planos emocional, mental y espiritual. En muchos casos de cáncer se observa ciertas actitudes en común. Las mujeres que lo viven tenían algún tipo de bloqueo con la energía femenina, por enojo con la madre, mucha expresión masculina en sus actividades, poco "nutridoras" consigo mismas y con los demás, problemas con su sexualidad o para aceptar su sexo. Las circunstancias son muy diversas, pero la misma idea, la expresión de la energía femenina, de alguna forma se bloquea.

Si has padecido o padeces esta enfermedad, no está de más preguntarte qué tanto vives tu feminidad, cómo ha sido tu experiencia de ser mujer. ¿Quisieras ser como tu mamá o la sola idea te da escalofríos? ¿Qué tanto te nutres a ti misma? ¿Eres más racional, individualista, competitiva que nutricia y amorosa contigo y con los otros? ¿Te gusta ser mujer? Te invito a hacerte estas preguntas. Las respuestas pueden darte información sobre qué tan conectada estás con tu feminidad y guiarte en una reflexión de qué es para ti ser mujer y cómo has ido construyendo la idea de lo femenino, de lo cual eres parte por tu propia naturaleza.

En esta búsqueda de autosuficiencia, las mujeres nos hemos ido al otro extremo, ser competitivas, racionales, no querer ser mamás o dejar a los hijos encargados todo el tiempo, hacer mil cosas y no permitirle al hombre que nos cuide y nos proteja, o sea, nos hemos masculinizado. Recuerda que

$$macho + macho = no\ marcha$$

Para vivir una relación de pareja, ser masculinas no marcha. Terminamos encontrando hombres con energías muy pasivas que a la larga nos cansan y nos hacen sentir poco protegidas.

Pasamos de un modelo pasivo y sumiso a un modelo activo y autosuficiente. La ley del péndulo (ir de un extremo a otro) tampoco es la solución. Estás en la defensa y no en la conciencia. Las mujeres debemos encontrar un equilibrio, no ser la mamá sopita de fideo pero tampoco la mujer de hierro, que no es vulnerable ni se permite ser cuidada.

Lee el siguiente texto que circula por la web:

Carta de una mujer moderna

Son las 6:00 a.m. El despertador no para de sonar, pero no tengo fuerzas ni para tirarlo contra la pared. Estoy acabada. No quisiera tener que ir al trabajo. Quiero quedarme en casa, cocinando, escuchando música, cantando. Si tuviera un perro, lo pasearía por los alrededores. Todo, menos salir de la cama, meter primera y poner el cerebro a funcionar.

Me gustaría saber quién fue la bruja, la matriz de las feministas, que tuvo la infeliz idea de reivindicar los derechos de la mujer, y por qué hizo eso con nosotras, que nacimos después de ella.

Todo estaba tan bien en el tiempo de nuestras abuelas: ellas se pasaban el día bordando, intercambiando recetas con sus amigas, enseñándose secretos de cocina, trucos, remedios caseros, leyendo buenos libros de las bibliotecas de sus maridos, decorando la casa, podando árboles, plantando flores, recogiendo legumbres de las huertas y educando a sus hijos. La vida era un gran curso de artesanos, medicina alternativa y cocina.

Hasta que vino una fulanita cualquiera, a la que no le gustaba el corpiño y contaminó a otras varias rebeldes inconsecuentes con ideas raras sobre "vamos a conquistar nuestro espacio." ¡Qué espacio ni qué diablos!

Teníamos el dominio completo sobre los hombres; ellos dependían de nosotras para comer, vestirse y ser valiosos ante sus amigos.

¿Qué rayos de derechos quiso brindarnos? Ahora ellos están confundidos, no saben qué papel desempeñan en la sociedad, huyen de nosotras como el diablo de la cruz. Ese chiste, esa gracia, acabó llenándonos de deberes. Y, lo peor de todo, acabó lanzándonos dentro del calabozo de la soltería aguda.

No aguanto más ser obligada al ritual diario de estar flaca como una escoba, pero con tetas y culo duritos, para lo cual tengo que matarme en el gimnasio, además de morir de hambre, ponerme hidratantes antiarrugas, padecer complejo de radiador viejo tomando agua a todas horas y demás para no ser vencida por la vejez; maquillarme impecablemente cada mañana desde la frente al escote, tener el pelo impecable y no atrasarme con las mechas, que las canas son peor que la lepra; elegir bien la ropa, los zapatos y los accesorios, no sea que no esté presentable para esa reunión de trabajo. Sólo me falta decidir qué perfume combina con mi humor, antes de salir corriendo para quedar embotellada en el tránsito y resolver la mitad de las cosas por el celular. Correr el riesgo de ser asaltada, de morir embestida, instalarme todo el día frente a la computadora trabajando como una esclava (moderna, claro), con un teléfono en el oído y resolviendo problemas uno detrás de otro, para salir con los ojos rojos (por el monitor, claro, para llorar de amor no hay tiempo).

Estamos pagando el precio de estar siempre en forma, sin estrías, depiladas, sonrientes, perfumadas, uñas perfectas, sin hablar del currículo impecable, lleno de diplomas, doctorados y especialidades.

Nos volvimos "supermujeres", pero seguimos ganando menos que ellos.

¿No era mejor, mucho mejor, seguir tejiendo en la silla mecedora?

¡¡¡Basta!!!

Quiero que alguien me abra la puerta, que corra la silla cuando me voy a sentar, que me mande flores, escriba cartitas con poesías, me dé serenatas en la ventana. Si nosotras ya sabíamos que teníamos un cerebro y lo podíamos usar, ¿para queeeeé había que demostrárselo a ellos?

Ay, Dios mío, son las 6:30 a.m. y tengo que levantarme... ¡Qué fría está esta solitaria y grandísima cama! Aaahhh... Quiero otra vez que mi maridito llegue del trabajo, que se siente en el sillón y me diga: "Mi amor, ¿no me traerías un whisky, por favor?", o "¿Qué hay de cenar?" Descubrí que es mucho mejor servirle una cena casera que atragantarme con un sándwich y una coca-cola mientras termino el trabajo que me traje a casa.

¿Piensas que estoy ironizando? No, mis queridas colegas, inteligentes, realizadas, liberadas... y abandonadas. Estoy hablando muy seriamente. Renuncio a mi puesto de mujer moderna.

¿¿Alguien más se suma??

No sé quién la escribió, pero seguro te identificas con algunas de esas palabras. Son las consecuencias de hacernos tan masculinas y competitivas. Es muy divertida la carta porque ilustra lo que hoy vivimos las mujeres en búsqueda de la independencia y la autosuficiencia, pero no estoy de acuerdo en regresar a lo que éramos antes. No es verdad que nuestras abuelas fueran tan felices en su casita haciendo de comer y teniendo toda la casa para ellas.

Debemos aprender una manera intermedia de ser, un nuevo modelo de lo femenino donde nos permitamos ser cuidadas pero sin perdernos en el otro, que sepamos luchar por nuestros sueños pero no de manera agresiva y competitiva, midiéndonos siempre con el hombre, porque esa batalla está perdida; simplemente somos distintas: el agua y el aceite no pueden competir. Si hombres y mujeres competimos, ambos perderemos porque nadie es mejor que el otro, somos complementarios.

No hace falta ser masculinas para ser exitosas y felices, podemos elegir lo que queremos pero expresando nuestra naturaleza femenina, que siempre nos conducirá a la unión, la espiritualidad, la armonía, la belleza, al amor, a educar y a sentir la vida. Ésa es la riqueza. No sólo son cualidades propias de la casa y los hijos, se pueden poner al servicio de cualquier actividad que desempeñes; por ejemplo, si eres directora de una empresa, destaca tus cualidades femeninas de empatía, armoniza, propicia la unión, y compleméntalas con tus cualidades masculinas de racionalidad, estrategia, sentido individual, competencia, etcétera; éstas también son parte de tus herramientas. Todos tenemos energía masculina y femenina que nos equilibra, pero si eres mujer, tu fuerza y tu don están en la expresión de la energía femenina apoyada por tu parte masculina.

Observa el símbolo del *ying* y el *yang* que todos conocemos y expresa la unión de ambas energías complementarias y unidas generando la totalidad.

Este símbolo es muy profundo porque muestra que la energía femenina y la energía masculina crean la totalidad. Si observas, hay una parte negra que tiene un punto blanco y otra blanca con punto negro. ¿Cuál crees que es la femenina? ¿La blanca o la negra, y por qué? Te lo pregunto porque generalmente el negro tiene una connotación negativa, y no es así. El negro es la expresión *ying*, lo femenino, es el color de la fecundidad, de la noche. Todo lo que crece lo hace en lo oscuro. La semilla muere bajo la tierra y nace, es gestada en la oscuridad, así como en el vientre materno es gestado un hijo.

El negro es el color de la noche donde nos acercamos a lo íntimo, a un sueño reparador, al hogar; es el color de la noche, que es femenina. Los antiguos emparentaron la luna con la mujer por su relación con el ciclo menstrual, por las cuatro etapas de la luna respecto a las cuatro iniciaciones femeninas, que son: la menstruación, en relación con la luna creciente; la maternidad, en relación con la luna llena; la menopausia, en relación con la luna nueva, y un ciclo interno donde nace la sabía o la bruja, en relación con la misteriosa luna nueva. La relación de la mujer y la luna es un tema interesantísimo. Si observamos todas las cualidades femeninas en la naturaleza, en la tierra, en el milagroso proceso de la maternidad, lo único que podríamos sentir por lo femenino es orgullo, ante toda la sabiduría que hay en nuestro cuerpo y el don de vida que nos fue concedido. Ser mujer es un honor. Dejemos de comprar modelos dolorosos y carentes de lo que implica ser mujer.

En el *ying*, el punto blanco *yang* nos habla de la parte masculina en la mujer. Como se ve, su expresión es mucho menor. Así, la mujer y el hombre se expresan desde sus cualidades logrando el equilibrio a partir del otro polo. Cuando el hombre utiliza su parte femenina, logra ser más cálido, emocional y empático, cualidades que lo equilibran y le permiten conectar con la parte femenina de la vida.

Juntos creamos la unidad, no hay una energía mejor que otra, no hay una más fuerte que otra, no existe rivalidad, las dos son complementarias, perfectas, necesarias, y cada una da espacio a la otra para complementarse y generar el movimiento y la vida. Éste es el fundamento de las relaciones de pareja. Si expresas tu energía femenina *ying* y él vive y expresa *yang*, ambos con su parte complementaria femenina y masculina, la relación de pareja sería completa y cada uno jugaría el rol que los equilibra.

Mujer de hierro vs. niña-mujer

Actualmente muchas mujeres, por un lado, se sienten muy fuertes y autosuficientes, tienen un buen puesto de trabajo, estudios, maestrías, doctorados, gente a su cargo y mostrarse seguras; por otro lado, en lo que respecta a las relaciones, se perciben como niña mujer, por momentos perdida, confundida, insegura, llena de inmadurez, impulsiva, irracional y berrinchuda, lo que las hace sentir incómodas porque pierden el control.

Observa cuál es más fuerte en ti, puedes tener ambas. Es como si el viejo modelo de lo femenino de nuestras madres, o la parte emocional inmadura, se expresara con la parte de la mujer masculinizada que entiende todo y razona en un nivel, pero siente en otro muy distinto. Ambas se expresan de la siguiente forma:

La dama de hierro: vive resolviendo, cargando, dando mucho, controlando. Cumple múltiples roles, es mamá, esposa, trabajadora, cocinera, amiga, hija, estudiante, amante, hermana, consejera, proveedora. Sabe de todo o lo inventa, vive al máximo. El estrés es lo suyo, atiende a varias personas y con todas quiere quedar bien; sostiene, apoya y es capaz de todo por ayudar a los que la necesitan; claro, excepto a sí misma, cuyo tiempo ya no le alcanza para mirarse, cuidarse y apoyarse en alguien, es algo que no conoce. Nunca se da por vencida. Siente que si ella no resuelve los problemas, nadie lo hará y el mundo se viene abajo. Suele rodearse de gente frágil que la acompaña y a quienes protege. No sabe decir no, siempre estará si la necesitas, aun a costa de sí misma o de su propio bienestar. Lo que en realidad le preocupa es quedar bien con todos y partirse en pedazos por complacer y cumplir con todos los roles que se impone, los cuales la dejan exhausta.

La niña-mujer: es pasiva, busca que le resuelvan todo. Es víctima, infantil, necesita a otros para decidir. Suele ser dependiente emocional, gira en torno a su pareja, no pone límites y tampoco sabe decir no. Es complaciente con sus parejas, hace todo por ellos pero al mismo tiempo quiere ser protegida, que se hagan cargo de sus responsabilidades. No sabe lo que quiere, es inestable, toma una cosa y luego la abandona y después otra y así, no hace nada concreto, no sabe comprometerse. Siente que los demás abusan de ella. Tiene miedo de salir al mundo y hacer cosas por sí misma. Se rodea de personas fuertes que la controlan, dominan y anulan, resolviéndole todo e impidiéndole crecer. Son berrinchudas como niñas, tienen un aspecto jovial, pero no tienen carácter. Se caen con facilidad, les cuesta permanecer y no tienen estructura para levantarse. Siempre buscan un culpable y no saben asumir la responsabilidad de su vida. Generalmente, se sienten vacías, tristes y buscan sufrir de forma inconsciente, se deprimen y pierden el sentido de lo que hacen.

Como ves, ser la mujer frágil tampoco es nada fácil, y esto se complica más cuando eres las dos, la de hierro y la frágil, algo que pasa con frecuencia. Eres la dama de hierro en algunos ámbitos, por ejemplo, en el trabajo, y después la mujer frágil en las relaciones de pareja; o un poco de ambas en todo. Ésta es una lucha que debemos reconocer y conciliar.

Niña-mujer	Mujer de hierro
Soy emocional	Soy racional
Necesito que otros me ayuden	Yo puedo sola
No sé decir no	Pongo límites para todo
Necesito que otros se hagan cargo de mí	Cuido a todos
Soy pasiva	Soy activa
Abandono la responsabilidad de mí misma	No confío en nadie
No puedo estar sola	Prefiero estar sola
Mi emoción más común es la tristeza	Mi emoción más común es el enojo
Soy desestructurada	Soy muy estructurada

Escuchamos ambas voces cada día. A veces son tan antagónicas que pelean en nuestro interior y nos confunden o enojan porque aunque elegimos desde una parte la otra piensa lo contrario; a veces tu parte adulta sabe que debe terminar una relación y tu niña dice "¡no!"

El reto es lograr que tu ser adulto guíe a ambas, que aprenda a escucharlas, a saber cuáles son sus necesidades y desde una adulta consciente satisfacerlas. Ambas son la misma, sólo que una se manifiesta con fuerza y rebeldía y la otra con debilidad y pasividad; pero en el fondo se trata del mismo rostro de niña que busca amor, que desea cerrar sus temas pendientes con la infancia y sus necesidades no resueltas.

Con tu adulta como intermediaria, la de hierro puede guiar a la frágil, aprender a reconciliarlas y tener diálogos dando espacio una a la otra. Que la parte de hierro dé espacio, reconozca y acepte que dentro de sí está la mujer frágil, que también tiene derecho, puede expresar miedo, dolor, confusión, necesidad, hambre, y que la parte fuerte ayude a madurar a la frágil interior, haciéndole saber que puede crecer libre y madurar.

Asimismo, la frágil puede sentir que la de hierro está con ella, para protegerla y llevarla con fuerza por la vida. Ella puede ayudarle a expresar y sentir su fragilidad (que también se vale sentir). Que la frágil dulcifique a la de hierro, le ayude a recibir, a aceptar su vulnerabilidad y apoyarla, que su conciencia actúe como mediadora. Puedes decirte a ti misma que no tienes que ser siempre la que resuelve, que hoy mereces soltar y encontrar formas de ser apoyada y ver que al final alguien resolverá los problemas. Puedes decirte que mereces llorar y sentirte triste, descansar, no ser perfecta. Así, a través de ambas, lograrás un equilibrio y un fortalecimiento de la parte adulta, resultado del equilibrio entre las dos.

Miriam, 33 años

Soy una mujer muy fuerte pero reconozco que a veces tengo miedo de serlo. Siempre he sido una mujer que ha tenido que hacerse cargo de sí misma desde pequeña. He estado sola siempre para defenderme y protegerme, vivo sola, trabajo, me hago cargo de mí y soy muy independiente, pero por momentos experimento un miedo muy fuerte a que algo me pase, a estar sola, a que me asalten. Empiezo a sentirme tan vulnerable, que caigo en ataques de pánico, me tiembla el cuerpo, se me acelera el corazón, me sudan las manos, me falta el aire. Son mi soledad y mi miedo negados. Me enoja mucho vivir estos episodios, porque soy fuerte, siempre he podido con todo; entonces, ¿por qué a veces me siento como una niña impotente y llena de miedo ante la vida? He aprendido a abrazarme, a aceptar mi miedo y hablarme, decirme que todo estará bien y estoy conmigo y, sobre todo, me he abierto a ser acompañada y recibir el cariño de las personas. Aprender a aceptar mi parte frágil ha sido un proceso muy difícil, ayudarme a acompañarme a mí misma y también aprender a recibir el apoyo y el acompañamiento de otros, cuando siempre había sentido que podía sola. Aprender a recibir, ha sido muy sanador.

Quizá nos hemos convertido en la dama de hierro porque debimos resolver por nosotras mismas muchas cosas: crecer rápido, no esperar a que alguien más haga las cosas porque no lo hay u otras circunstancias que al final hacen que seas quien eres. Esa actitud es un hábito de vida que se hace muy rígido, de hierro, pero no olvidemos que tenemos una parte vulnerable, una parte frágil que está ahí y no desaparecerá aunque cerremos los ojos. Nuestra parte frágil quiere amor, expresar lo que le duele, lo que necesita, ser escuchada, abrazada, y esto desde una parte consciente, desde una adulta que te ayudará a que esa yo frágil deje de tomar el control de tu vida.

Integrar las dos partes en ti —siendo consciente de ellas— y tener diálogos internos desde el amor y la aceptación a ambas partes, te ayudará a hacer equipo con la niña mujer, producto de una infancia en abandono, y la mujer de hierro, producto de una infancia negada y una confianza rota.

2

La herencia de hambre de hombre. Las mujeres de tu linaje

Creo profundamente en la idea de que ésta es la escuela de la vida y todos estamos aquí para aprender lecciones, cursamos materias para evolucionar, como el perdón, la tolerancia, la equidad, compromiso, responsabilidad, respeto, y al final todas estas materias nos llevarán al amor. Alguna vez leí que somos como un diamante, pulimos una cara con cada lección que integramos a nuestra vida. Nuestro destino es ser diamantes, hombres y mujeres de oro y no de plomo como somos. Todos tenemos experiencias distintas y nos enseñamos unos a otros. Hay quienes ya pulieron una cara de ese diamante y cuando lo observamos —porque es justo lo que a nosotros nos cuesta— lo admiramos porque nos enseña. Hay personas a quienes no les cuesta trabajo ser generosas o ganar dinero, pero sí ser ordenados o confiar. Y habrá otros para los que sea difícil el tema del dinero o no sepan confiar. Todos interactuamos y aprendemos unos de otros. Relacionarnos como seres humanos hace que esto sea posible, que las fricciones entre unos y otros, que llamamos contacto, se hagan conscientes y, de esta manera, pulamos la cara que nos corresponde.

Nuestra familia —abuelos, padres, hermanos, hijos— tiene lecciones en común, por eso, nuestras grandes fricciones, nuestros mayores espejos, representan la mayor prueba de tolerancia, paciencia y perdón. Las pruebas de nuestro clan son compartidas. Observa tu familia: si tienes hermanos, aunque tuvieron los mismos padres cada uno es distinto, con diferente carácter, manejo del dinero, del orden, de las relaciones; lo que te dice que todos vieron a un papá y a una mamá diferentes a como los viste tú. Somos diferentes, pero iguales en otro sentido.

Hay experiencias que para todos son comunes, tanto en lo positivo como en lo negativo. Por ejemplo, todas la mujeres están solas, o todos los hombres son adictos, o todas las mujeres son las fuertes y los hombres disminuidos. Todos han compartido una forma de miedo o de dolor de forma distinta, pero en el fondo es el mismo dolor o la misma condición. Hay un aspecto que comparten y es la alianza, el guión generacional o la cadena de dolor transmitida por generaciones.

Desde el plano espiritual se dice que escogemos dónde nacer a partir de las lecciones que aprendemos; elegimos lo que nuestra alma necesita aprender, escogemos padres que a través del amor o del dolor nos conduzcan a ese aprendizaje.

Durante uno de mis cursos, mientras compartía esta teoría con los asistentes, una de las participantes comentó: "No, pues ahora sí que estoy frita. No puede ser que yo haya escogido este padre y esta madre tan miserables con los que crecí. De plano, qué manera de escoger, sólo me falta que ahora sea mi culpa." Bueno, ella tenía derecho de pensar así. Algunos hubieran pedido diferentes padres en esta vida pero, si lo piensas bien, los que tienes son perfectos para lo que necesitas, no hay error, tu padre y tu madre son tus maestros.

Te invito a preguntarte, ¿qué puedes aprender de ese clan en el que naciste? ¿Qué experiencias tienen en común? ¿Qué te permitió desarrollar? Cuando aceptamos la realidad y dejamos de pelear con el pasado y los padres que tuvimos, entramos en un mejor terreno de aprendizaje. La queja hacia los padres puede ser una gran justificación para no hacer nada con tu vida y no vencer lo que te corresponde. Todo el tiempo elegimos, incluso cuando éramos niños elegimos qué nos iba a impresionar y qué no. Tomamos de las experiencias de la infancia lo que necesitábamos para aprender y lo que no lo dejamos ir. Es por eso que adoptar esta idea te coloca en una posición de responsabilidad y aceptación, y no de víctima. Creo que partir de este punto es mucho mejor la vida.

Sonia, 33 años

Mi abuela vivió con mucho miedo porque cuando tenía quince años fue raptada por mi abuelo. Ella no quería estar con él, pero en aquella época ya no había de otra. Vivió todo el tiempo con él hasta que mi abuelo murió. Yo creo que siempre lo odió. Ella se veía enojada y resentida, y él siempre fue muy dominante con ella. Mi madre vivió lo mismo, pero de forma distinta. Mi padre era alcohólico y muy violento con ella y con nosotros, pero nunca lo dejó, a pesar de que ella era quien se hacía cargo de nosotros, trabajaba limpiando casas y vendía de todo. Así nos sacó adelante pero nunca se dio cuenta de que podía estar sin él. Creo que ella lo odiaba, pero nunca lo dejó. La mía es una historia parecida, pero llevo varios años sola porque me aterra la vida en pareja. Siento un gran miedo de enamorarme y no tengo una relación que me comprometa o logre abrirme el corazón. No confío en los hombres y tengo miedo de que me lastimen.

Sonia tenía muchas ganas de formar una familia, pero su miedo generacional era más grande. Esta relación de su linaje con los hombres desde el miedo y el maltrato se transmite de generación en generación sin ser conscientes de que tenían sentimientos de abuso o abandono de los abuelos y no eran suyos originalmente.

Desde un punto de vista espiritual, diríamos que son lecciones de vida compartida que debemos integrar, hacer conscientes y transformar. Desde la perspectiva psicológica del análisis transaccional, son guiones generacionales asumidos, y por amor a los padres, ignorancia e inercia, los repetimos. Cuando no somos conscientes de los patrones familiares, los repetimos de manera inconsciente y heredamos las ideas de generación en generación. ¿Qué estás repitiendo desde la inconsciencia? Casi todo lo que aceptamos de nuestros padres fue mediante su ejemplo. Ésas son formas en las que aprendimos qué vida llevamos con nosotros. Por ejemplo, si tu madre todo el tiempo resolvía los problemas de su familia, hoy de alguna forma tú replicas esta idea, desde la repetición o la defensa, que es hacer todo lo contrario a ella, pero con el mismo resultado. Me explico: cuando haces lo contrario de lo que hacían tus padres y te vas al otro extremo, obtienes los mismos resultados. Reflexiónalo.

Conciencia de mi linaje

Te propongo el siguiente ejercicio de reflexión. Tal vez no tengas toda la información al momento de hacerlo pero sería muy importante que lo iniciaras, que con la información que tienes observaras todo lo que ignoras sobre la generación a la que perteneces; sobre todo, porque muchas de tus ideas, hábitos y visiones provienen de este linaje.

En una hoja o cartulina, donde puedas ver todo lo que anotas y leerlo en perspectiva, escribe lo siguiente:

Nombre de tus abuelos maternos y paternos.
Nombres de sus hijas e hijos.
Nombres de tus hermanas, hermanos y primos.

Ejemplo:

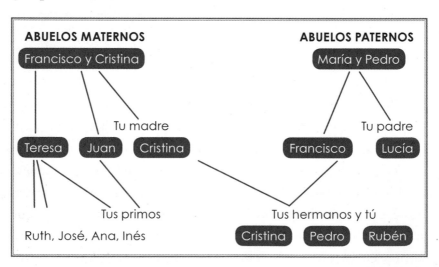

Ahora reflexiona:

1. ¿Cómo fue la infancia de tus abuelos?
2. ¿Qué tipo de vida llevaban?
3. ¿Cómo era su vida en pareja?

1. ¿Cómo fue su infancia?

Saber cómo fue la infancia de nuestros padres y abuelos es muy importante porque en ese periodo se generaron las creencias y las ideas raíz de lo que somos, de la vida y de muchas formas dolorosas que después reproduciremos de forma automática. Ejemplo: "Mi abuelita en su infancia tuvo que trabajar muy chica porque su papá murió." O: "Mi mamá tuvo que hacerse cargo de sus hermanos cuando era chiquita y tenían un papá alcohólico", etcétera.

2. ¿Qué tipo de vida llevaban?

En esta reflexión escribirás la forma de vida de tus abuelos, sus hábitos de trabajo, dinero, salud; si vivían enfermos, deprimidos, o siempre trabajando y sin tiempo para nada. Ejemplo: "Mi madre se la pasaba trabajando y viendo por mi padre, todo el tiempo estaba cansada, enferma de la espalda y la diabetes." Saber el tipo de vida que llevaban reflejará la forma en la que pudiste aprender lo que es la vida y cómo vivirla. ¿Observas alguna relación contigo? ¿Con quién te identificas?

3. ¿Cómo son sus relaciones de pareja?

Estos ejemplos son tu referencia del amor, la forma en que se vivía el amor. Observar si hay alguna relación con la manera de vivir el amor te ayudará a darte cuenta si lo repites o haces lo opuesto. De cualquier modo, recuerda, que aunque parezca que haces lo contrario, al final te traerá los mismos resultados. ¿Qué se repite en relación con la pareja? Ejemplo: "En la relación de pareja fueron dependientes, él fue alcohólico y golpeaba a su esposa, o fue infiel, tuvo otra pareja siempre o las mujeres eran las dominantes", etcétera.

El árbol genealógico es un sistema de repeticiones. Identifica cuáles son en tu árbol, de esta manera, encontrarás las alianzas que inconscientemente repites y con las que tienes que trabajar.

A partir de todo lo que contestaste, pregúntate, ¿de qué te das cuenta? Toma tiempo para reflexionar y luego hazte estas preguntas:

1. ¿Hay alguna actitud constante en mí?
2. ¿De qué forma la repito?
3. ¿Cuál es la necesidad no cubierta?
4. ¿Qué me ayudaría a dejar de repetirla?

Haz el ejercicio con la mayor información que te sea posible; mientras más información, ideas más claras. Al observar qué relación tenían las parejas, harás conciencia de tu propia historia para ser quien eres hoy.

De ninguna manera esta reflexión justificará por qué eres como eres, ni será un buen argumento de por qué no tienes la vida que quieres. Date la oportunidad de hacer conciencia, es momento de ir transformando poco a poco los patrones en la medida de tus posibilidades. Da a tu clan lo que te corresponda en este momento, como una nueva referencia para otorgarte nuevos permisos de ser tú misma, tener buena autoestima, amar, disfrutar, recibir, elegir qué estudias, etcétera.

Recuerda que todas las actitudes que caen en el polo opuesto están hablando de defensa y no de conciencia; y, sobre todo, de una forma u otra obtendrás los mismos resultados. Si tu mamá era muy dependiente y tú decides seguir una actitud contraria por rebeldía, es decir, ser muy independiente, llegarás a la misma soledad de tu madre dependiente.

Ésta es una oportunidad de cambio para ti y para la generación que viene tras de ti.

CAPÍTULO

3

El abandono en la infancia

Los padres cumplen una función fundamental en la vida de todo ser humano, ejemplo inmediato de lo que es el mundo, el amor, el afecto; de lo que es la vida y de cómo se vive en ella. Los deseos de nuestros padres son órdenes; con sus actos y su manera de vivir nos transmiten quiénes son, cuáles son sus miedos y sus prejuicios. Muchas de las ideas-raíz en nuestro inconsciente son enseñadas por nuestros padres mediante sus actos. Conoce a tus padres y te conocerás a ti mismo en esas expresiones tuyas que no razonas pero que son la forma en que actuaba o se expresaba tu papá o mamá.

El padre de tu mismo sexo te muestra quién eres, cómo es ser mujer u hombre, es un ejemplo de lo que tú eres, ya que comparten el mismo sexo. En cambio, el padre del sexo opuesto te indica cómo son los otros, qué puedes esperar del sexo opuesto y cómo relacionarte con él.

Buscar ser amada desde el hambre

Para las mujeres, el padre nos muestra un modelo de lo que es un hombre. Su afecto nos enseña que somos merecedoras de ser queridas, cuidadas y respetadas por un hombre. Es nuestro primer amor, el primer modelo del amor masculino. Será una referencia de lo que buscaremos en una pareja, para repetir y estar con alguien como él, o para buscar todo lo contrario.

Así, un padre cercano con un manejo sano de su autoridad, interesado, afectuoso, nos enseña a tener confianza en nosotras mismas, a sentirnos merecedoras del amor de un hombre. Esto alimenta nuestra seguridad. Un padre da estructura y confianza para salir al mundo y ser buenas estudiantes, disciplinadas y estructuradas. Cuando eres niña, la presencia de un padre te hace sentir segura, protegida, capaz de ir por el mundo con confianza y, más adelante, relacionarte con los hombres. Sentirnos apreciadas y aceptadas por nuestro padre nos enseña que somos valiosas y capaces de que un hombre nos quiera.

Pero cuando el padre está ausente —me refiero principalmente a la ausencia afectiva—, cuando no sientes esa validación de "te veo, reconozco tu presencia y cubro tus necesidades", se despierta una imperiosa necesidad de reconocimiento y una necesidad muy fuerte de ser querida y vista por él, o sea, un hambre.

Es común que, cuando un padre está completamente ausente, quien asume el rol masculino de proveedor es la madre. Cuando ocurre eso, se convierte en ejemplo de cómo salir al mundo a trabajar y ganar dinero. La madre trabajadora te enseña a vivir tu propia energía masculina de proveedora, te enseña que puedes salir al mundo con energía masculina y conquistar tus metas, pero con la confianza rota. Al mismo tiempo, aparece una sensación de desprotección, de falta de seguridad y de vacío; es como si nunca fueras suficiente, porque la seguridad que aporta cada uno de los padres en su rol está incompleta.

Dicha falta de seguridad, necesidad de aprobación y afecto es algo que quieres llenar una vez que creces. Puedes buscarlo en los hombres de tu entorno con mucha hambre y desde un déficit de amor de hombre.

A veces buscas equivocadamente esa necesidad de reconocimiento, de protección, de sentirte valiosa, en una pareja o en factores externos como trabajo, títulos, dinero. Esto puede darte la seguridad que necesitas de forma aparente pero no en el fondo. Aspectos externos, como tener una carrera, buen trabajo, auto, buen cuerpo, vestir bien, en realidad no dan paz interior ni sentimiento de valor por sí mismos; si los usas como tu caparazón o tus refugios donde se esconde tu miedo de ser herida, la experiencia final será sentir que nada es suficiente y no serás feliz.

Cuando no sentimos el reconocimiento y nuestras necesidades afectivas no son tomadas en cuenta, los mensajes que confirmamos son "no soy valiosa", "siempre hay algo más importante que yo", "no lo merezco", "mis necesidades no importan", "tengo que hacer mucho para que me vean", "debo ser perfecta para ser vista". Estas ideas y otras más suelen estar presentes en la niña que sintió que sus padres estaban ausentes, no tenía a nadie que le ayudara a saber quién era, no sabía cómo vivir la vida sanamente; no tenía quien la abrazara, le pusiera límites, la protegiera; alguien que con sus actos le enseñara que es merecedora, valiosa y muy querida.

La experiencia de no sentirse valiosa puede convertirse en una lucha desenfrenada por mostrar que sí vales. La idea de fondo es ésta: "No soy valiosa, entonces tengo que hacer muchas cosas para que los demás piensen que sí y me quieran." Así comienzas a adquirir actitudes para alcanzar la atención: sacrificarte por los demás, no saber decir no, ser complaciente, trabajar y tener logros de todo tipo pero sentirte vacía, hacer muchas cosas para que los otros vean que vales, a costa de lo que quieres, de lo que necesitas, de lo que te hace bien, o sea, a costa de ti misma.

Otra manera de buscar esa seguridad es tener todo bajo control. Desarrollamos una actitud de responsabilizarnos de las personas —tu madre, tus hermanos—, de cargar y resolver; por ejemplo, trabajar desde chiquitas o proteger a tu mamá como si fuera tu hija. Todas esas son responsabilidades que no te correspondían, pero se convirtieron en tu manera de estar en el mundo mediante una búsqueda de equilibrio y autoprotección, que te forman un hábito de codependencia y defensa ante el mundo.

Desde pequeñas aprendemos a no ser nosotras mismas, ignoramos que lo que somos basta para ser queridas, amadas. Al contrario, sentimos que había que hacer algo para ganar afecto, reconocimiento y que nos ayude a protegernos de lo que nos duele del entorno. Desarrollamos hábitos de comportamiento que se adaptan a esa realidad y nos ayudan a salir adelante. Esos hábitos son formas aprendidas, basadas en lo que estábamos viviendo. No obstante, esos hábitos se han apoderado de nosotras, llegamos a pensar que así somos: "Así soy, me gusta ayudar, proteger, hacer todo por los demás, sacrificarme, ser superresponsable, o inestable y desestructurada. Así soy, controladora y desconfiada." No nos damos cuenta de que ése es un comportamiento que aprendimos para sobrevivir, para sentirnos seguras. Pero la realidad ha cambiado, ya no somos niñas, es necesario reconocer que esas formas de defensa te ponen una coraza para tener intimidad y relaciones auténticas.

Si seguimos instaladas en estas formas del pasado, crearemos realidades muy parecidas a las de la infancia, —el teatro primario en el presente—, sólo que ahora modelaremos abandonos, traiciones y formas de defensa porque continuamos en la misma actitud de defensa e inconscientemente reproducimos la misma realidad.

Las actitudes que en el pasado nos ayudaron a salir adelante, a adaptarnos a las circunstancias y crecer, hoy son hábitos que no nos permiten ver quiénes somos. Es como vivir con una máscara que adoptaste para sobrevivir pero termina por ser tu cara y te aleja de quien eres. Así, si eras sensible, noble, divertida y sonriente, el abandono provoca que desarrolles actitudes de mujer complaciente, adulta desde pequeña, seria, enojada, responsable, autoexigente, obediente, callada, evasiva y siempre en su mundo, o extrovertida y haciendo mil cosas para no enterarte de nada. En fin, asumiste falsas personalidades que te ayudaron como aislantes del dolor.

Helena, 30 años

No sé a partir de qué momento me asumí como la mamá de mis hermanos. Tuve la responsabilidad de ellos desde muy pequeña: los crié, fui su mamá cuando sólo tenía nueve años. Mi mamá nos dejaba solos, se iba a trabajar. Me decía: "Cuida a tus hermanos", y yo lo hacía. Recuerdo que un día mi hermanito tenía fiebre y yo estaba como loca sin saber qué hacer; no era justo que tuviera que vivir eso, mi hermano ardía en fiebre y yo era la responsable de cuidarlo. Desesperada, fui a tocarle a la vecina para que me ayudara. Ya le había puesto una toalla mojada en la frente pero seguía igual. Recuerdo que la vecina —era una bendición— me miraba con compasión por todo lo que hacía por mis hermanos. Fue un momento de mucha angustia que no merecía vivir, no merecía cargar con esa responsabilidad. Me duele mucho recordarme de niña en situaciones tan difíciles. Ahora sigo buscando hermanos para hacerme cargo todo el tiempo, soy muy preocupona y ando siempre angustiada. Me cansa vivir así.

Estas actitudes son un reto para desactivarlas en algunas áreas de tu vida y flexibilizarlas, principalmente en temas afectivos. Cuando tales actitudes aprendidas son rígidas, o sea, si no puedes dejar de ser esa controladora, esa mujer que siente que el mundo se le viene encima y es una niña desprotegida, no nos permiten ser auténticas en nuestra etapa adulta, como si no nos enteráramos que ya pasó, que ya no somos niñas. Es un hábito rígido porque ahora buscas otras maneras de representarlo y no sabes cómo dejar de ser así. Con ello dejas aprisionado al yo auténtico, a esa que eras y has olvidado.

Sin embargo, ese yo auténtico no se va, se queda aprisionado esperando a que lo reconozcas. Por momentos se aparece mostrando, que es libre y feliz y no siempre atado por ti misma. A veces nos pasamos la vida con esa máscara que adoptamos para salir adelante durante la niñez y no hacemos un trabajo con nosotras mismas para recuperar una manera diferente de estar en la vida. El problema es que con los años nos acostumbramos a vivir en el dolor y la angustia; no nos enteramos de que podemos vivir de manera diferente. Pensamos que la vida es así, lo cual provoca que vivamos llenas de frustración, con un vacío permanente y reproduzcamos las mismas realidades una y otra vez.

De niñas tenemos muy claro el sentido del bien, la percepción de lo que está pasando, el contacto con nuestras emociones, con lo que necesitamos. Pero cuando los padres lo niegan, ignoran o descalifican, desconfiguran nuestra percepción. Si fingimos que no pasa nada, afectamos a nuestros hijos pues sienten que algo pasa pero no saben qué es y se llenan de angustia. Cuando nos descalifican, cuando nos dicen que lo que sentimos está mal, que lo que pensamos no es cierto, que estamos locas, nos confunden y nos hacen dudar de lo que sentimos y pensamos, además desconfiguran nuestra percepción.

Típicas creencias de la niña abandonada

1. Para ser querida debo ser diferente a la que soy.
2. Para vivir el amor debo renunciar a mí misma.
3. Los hombres lastiman y engañan.
4. No soy valiosa y tengo que hacer algo para que un hombre se quede conmigo.
5. Para no ser herida debo tener todo bajo control.
6. El amor duele.
7. Nunca confíes en un hombre.
8. Tus necesidades no importan.
9. Expresar el dolor está prohibido.
10. Al final te abandonarán.
11. Una mujer buena se sacrifica a sí misma.
12. El dolor hay que negarlo o evadirlo.

Etcétera, etcétera, etcétera. ¿Con cuál de estas creencias u otras semejantes te identificas?

Crecemos con padres bienintencionados, pero ignorantes y con historias de dolor y carencia. Todas estas creencias, sembradas en un nivel que no alcanzamos a reconocer, ellos nos las heredaron. Se manifiestan por medio de nuestros actos y de la manera en que nos tratamos y representamos circunstancias como las de nuestra infancia, llenas de abandono o carencia afectiva.

Trabajar con el dolor de la ausencia de nuestro padre nos ayudará a hacerlo con nuestra relación con los hombres. Hay que dejar de buscar esa seguridad, ese cuidado desde una posición de tanta hambre. Vivir un vacío afectivo de padre, o el hambre de hombre, es una experiencia de mucho vacío y angustia en la vida.

La relación con la madre

Nuestra madre tiene un papel fundamental en la formación de la autoestima. Su presencia modela la imagen de nosotras mismas. Desde que somos pequeñas la madre es nuestra referencia de lo femenino y de lo que seremos como mujeres. El respeto, el cuidado y la valoración que practique consigo misma influirá en el trato que nos daremos a nosotras mismas. Por ello, es fundamental, porque seguiremos sus pasos para imitarla o para ser todo lo contrario a ella. Recuerda que ella siempre será esa referencia.

La madre nos inicia en la vida de mujeres, su presencia afectiva nos ayuda a tener amor propio, a saber cuidarnos y tratarnos con respeto y cariño. La madre tiene la función de educar, nutrir, dar amor, de ayudar a los hijos a sentirse parte de un núcleo; nos hace sentir recibidos y aceptados.

Cuando tenemos una madre presente, fuerte interiormente, amorosa, convencida de lo que hace, autónoma, que se ama y se respeta, crecemos sanas, fuertes y con buena autoestima. El amor del padre nos otorga la confianza en los otros hombres, las metas de educación y trabajo, es una forma de empoderamiento en el contacto con lo exterior. En cambio, la madre nos construye confianza y amor en lo interior. Mediante su aceptación y amor, nos sentimos valiosos y listos para enfrentar la vida.

Cuando tenemos un modelo de madre tradicional —sacrificada, impotente, víctima, que no sabe poner límites, que es dependiente emocional—, muchas veces sus actitudes de falta de autoestima, de no saber cuidarse ni respetarse, nos enojaron mucho con su falta de amor propio. Una mamá que renuncia a sí misma, dependiente de su esposo y víctima, nos duele mucho. Nos enseña un modelo muy pobre del ser mujer, y también a tener hambre de hombre y una manera muy carente de lo femenino en nosotras. Reflexiona, ¿qué te duele más de la forma de ser de tu madre?

En esta cultura el abandono de la madre es imperdonable. La expectativa que se crea alrededor de la mamá es altísima. He conocido muchas personas que dicen: "Perdono a mi papá porque su actitud de abandono y egoísmo es lo esperado, pero a mi mamá, no, porque se supone que una madre nunca te abandona." Enaltecemos e idealizamos lo que las madres son o deberían ser; les atribuimos un instinto casi idealizado. Muchas veces ellas se quedan a enfrentar el reto de educarnos y a pesar de eso con ellas estamos más enojadas.

No por ser mujeres debemos tener ese instinto materno, como un superpoder incluido en el paquete. A veces tienes a tu hijo en brazos y lo único que quisieras es salir corriendo, o no tienes ni idea de qué hacer. También hay mujeres para quienes la maternidad es una verdadera vocación y son verdaderas instituciones en la educación de los hijos y sabias en verdad. Conozco algunas, son mujeres muy poderosas, encarnan un rol de educadoras, protectoras, conservadoras del hogar, organizadoras, verdaderamente, todos mis respetos.

En mi taller de las heridas de la infancia hablo sobre la madre herida de abandono. Es la abandonada por su padre. Una mujer que cría hijos que nunca se van del nido. Suele manipular, puede hacer sentir a sus hijos en deuda con sus sacrificios, pues es una mujer que ha sufrido en serio, que aguantó maltratos y sacrificios. Por lo mismo castra la autoridad de los hombres sobreprotegiéndolos. Es incondicional y, al mismo tiempo, víctima. Esa mamá ha sufrido por ellos y deja una factura inconsciente que, en el fondo, enoja a sus hijos.

Cuando hablo de esta mamá en mis talleres los participantes expresan: "Estoy harto de ella", "¿cómo me la quito de encima?", "¿cómo le pongo un límite?", "¿cómo dejo de sentirme culpable cuando no hago lo que me dice? Porque cuando les dices: 'No, mamá, no puedo ir este domingo', contestan, 'Claro, a ver si un día vienes y ya me morí' o 'Claro, a nadie le importo, ya me voy a morir para dejar de ser una carga para todos'."

La madre con herida de abandono quiere que hagas lo que dice. Siente que los hijos son de su propiedad y están en deuda con ella. Quiere que la visiten todos los fines de semana, la cuiden y resuelvan sus problemas. Que la mantengan porque ya se sacrificó. Que la pongas en un altar por todo lo que sufrieron. El pago es que te hagas cargo de ella y nunca la abandones.

"Un hijo nunca está en deuda con un padre, porque elegir ser padres es educar, amar y dar sin deuda."

Sentirte en deuda no es sano, podemos estar agradecidos pero no en deuda. Las mamás debemos aprender que no tenemos hijos para que después se hagan cargo de nosotras; tener un hijo es una oportunidad de enseñar, crecer, aprender y amar. Enseñarlos, nutrirlos y dejarlos volar. Una señal de que has criado hijos dependientes y frágiles es que viven contigo aun siendo adultos, o piden tu opinión para decisiones que deben tomar por sí mismos, o te visitan todas las tardes cuando ya tienen casa y familia. Reflexiona, ¿si murieras dejarías hijos fuertes que saldrían adelante sin ti o hijos frágiles a quienes tu partida los quebraría porque aún eres una fuente fundamental de seguridad para ellos?

Criamos hijos fuertes si los educamos con amor y límites, si aplicamos autoridad, respeto, libertad y confianza. Cuando como mamás trabajamos por ser más libres y cargarles menos expectativas y traumas de nuestra infancia. Cuando aceptamos su temperamento sin querer que sean lo que esperamos. Cuando no les damos la responsabilidad de cuidarnos, cuando no les resolvemos todo y damos espacio para que ellos resuelvan sus conflictos. Cuando no les pasamos factura de lo que hacemos por ellos. Cuando dejamos de sentirnos culpables por lo que no han logrado. En fin, cuando das espacio para que tengan una vida que compartan contigo y estén a un lado, pero en libertad para que elijan por sí mismos.

Como mujeres, nuestra madre es nuestra referencia. Seguramente por momentos sentirás que eres como ella al tiempo de educar a tus hijos, de relacionarte con los hombres, de sentirte merecedora de ser querida y respetada. Actuamos como si por momentos fuéramos ella, porque ése es nuestro modelo, para ser diferente o construir una vida mejor.

En una parte de nosotras el modelo de nuestra madre se hace presente, lo que ella representa, cómo mira la vida o sus actitudes. No es fácil reconocerlo, pero si alguna vez te quejas y te victimizas, no sabes poner límites en lo emocional y tienes relaciones de pareja donde hay conflicto permanente, pregúntate, ¿ésta es la forma en que mi madre me enseñó a amar? Probablemente observes que la manera en que hoy amas es la que ella te enseñó con su ejemplo. Quizá aprendiste que el amor es sacrificio, dolor, renuncia, conflicto, maltrato, abuso, y por eso lo vives de éstas u otras formas, o simplemente no lo quieres vivir porque es doloroso.

También es muy común que cuando eres madre y tienes tus propios hijos, sale el modelo de tu madre oculta con más fuerza y te descubres diciendo y haciendo cosas como las que decía y hacía tu mamá. Las mujeres enojadas con su madre tienen un problema para integrar la maternidad, ser afectuosas con ellas mismas, pacientes; presentan problemas menstruales, o físicos relacionados con quistes, útero, matriz o senos, las partes donde se expresa la energía femenina reprimida o negada.

Eloísa, 52 años

Mi mamá fue una mujer que siempre cedió con mi padre. Él era muy controlador y ella fue cerrando su vida a otras posibilidades. Siempre se dedicó a nosotros. Él la celaba mucho, así que dejó de salir y tener amigas. Su mundo era muy chiquito. Creo que mi mamá siempre quiso hacer otra cosa. Ella trabajaba antes de conocer a mi papá. Cuando veo fotos de aquella época, veo una sonrisa y una actitud que nunca le he conocido. Mi padre era buen padre, buen proveedor, trabajador, pero nunca la dejó hacer otra cosa.

Mi madre se fue apagando con los años. Se hizo muy dependiente y atenida a él. Nunca pudo dejarlo, no resistía la idea de estar sin él, así que pagó el precio. Se convirtió en una mujer plana, sin luz. Dejó de arreglarse, subió de peso, se abandonó. Siento como si se hubiera olvidado de sí misma.

Me duele ver que es justamente lo que he hecho conmigo. Desde que tuvimos a nuestro primer hijo, mi esposo no me dejó trabajar. Siempre me manipuló para que estuviera en casa, y lo permití. Después tuvimos a Karla, nuestra segunda hija, y fue más difícil aún. Yo quería cuidarlos, pero no sólo eso. Sentí que debía renunciar a mi propio desarrollo profesional, olvidarme de mis necesidades porque tenía que cuidar a mis hijos. Empecé a sentirme insatisfecha y enojada en mi casa, pero no podía enfrentar a mi esposo y cambiar esa realidad. Yo quería mucho a mis hijos y siempre sentí que si trabajaba los abandonaría, pero esa frustración me hacía ser muy dura y exigente con ellos. Los años pasaron, mis hijos crecieron y yo dejé de saber quién era, dudé de todo lo que pensaba y sentía. Dejé de ser yo misma y me convertí en esposa y mamá, ahora siento que mis hijas me tienen mucho coraje porque las eduqué con mucha dureza y le permití tanto a su padre. Son rebeldes, groseras y desesperadas conmigo, siempre me dicen que yo tengo la culpa de todo lo que hace su papá. Nunca imaginé que esto tuviera alguna relación con mi madre. Jamás imaginé que la historia se repetiría conmigo.

Repetimos o rechazamos porque nuestros padres son nuestras referencias. Eloísa creció con una madre que se anulaba. Y aunque al principio decidió estudiar y trabajar y no ser como su mamá, cuando tuvo hijos entró en el patrón materno. No se dio cuenta de cómo se fue apoderando de ella la visión que aprendió de lo que es una "buena madre". No tuvo la fuerza o la claridad para defender sus propios sueños o anhelos, y la vida de mamá, con sus múltiples e interminables tareas, la fue consumiendo.

Ser ama de casa es muy valioso e importante, pero nunca debe ser un pretexto para dejar de mirar tus necesidades y tener sueños propios donde te desarrolles y crezcas. Pensar que nuestros hijos siempre estarán con nosotros, o nos agradecerán nuestras renuncias por ellos, o que se harán cargo de nosotras en un futuro, no tendría que ser una garantía. No deberíamos tener hijos sólo para que se hagan cargo de nosotras, por no estar solas, tener compañía en la vejez, dar un sentido a la relación de pareja. No deberíamos elegir tener un hijo desde la necesidad sino desde la abundancia, para darle, no para que nos dé.

Repetimos los patrones con los que crecimos porque son influencias muy fuertes en el inconsciente. No basta con no querer ser para dejar de serlo: hace falta trabajar internamente en lo aprendido. Por ejemplo, si tu mamá permitía violencia, no basta con decir "yo no estaré con un hombre violento". Debes trabajar con todos los hábitos que aprendiste de ella, los cuales generaban una realidad así.

Los patrones se activan cuando no hay conciencia y la inercia se apodera de nosotras. Si somos conscientes y elegimos, entonces eso no pasará, sobre todo cuando elegimos trabajar con el dolor que heredamos de nuestra madre, quien nos predispone al amor y a vivir nuestra energía femenina.

Hemos profundizado en la comprensión de la madre que se abandona a sí misma. A continuación hablaremos de las actitudes de la mujer con herida de abandono en su infancia. Si tu madre tiene esta herida, es muy probable que tú también, aunque se manifieste de otra forma. Te será más fácil identificarlo en las características de la mujer con herida de abandono que veremos más adelante.

Sanar y aceptar lo que nuestra madre es, nos da la oportunidad de sanarnos a nosotras mismas. No podremos valorar lo femenino y ser buenas madres —de nosotras mismas o de nuestros hijos biológicos—, si estamos enojadas con nuestra madre.

Padres en crecimiento, hijos en libertad. La oportunidad que tenemos de amarnos, respetarnos, sentirnos orgullosas de ser quienes somos, tener una vida creativa, haciendo lo que nos gusta, e ir construyendo poco a poco relaciones más sanas de pareja, permitirá que las que siguen —hijas, sobrinas, alumnas y toda mujer para la que seas una referencia— tengan un mejor modelo en el cual inspirarse y les ayude a ser cada vez mejores. Necesitamos mejores modelos de lo femenino consciente y pleno sin hambre de hombre.

El dolor del abandono en la infancia

La herida de abandono es un dolor de soledad, de ausencia afectiva, de no ser vista y respetada en tus necesidades durante la infancia. Deja una huella muy profunda en el alma de la persona. Esta experiencia nos acompaña hasta nuestra vida adulta, cuando somos conscientes y tenemos la oportunidad de sanarla.

Esta herida es como una herida en la piel, duele. A veces ciertas circunstancias hacen que sangre, que se vuelva a abrir. El contacto con el exterior la lastima. La herida del alma duele al tener contacto con las personas que le recuerden el abandono; duele al vivir circunstancias parecidas a las de su infancia. Este "botón" puede activarse por diversas circunstancias, el miedo al abandono se dispara incluso con los detalles más simples de la vida. Por ejemplo, mientras esperas a alguien en un restaurante, te cancelan una cita, no te invitan a una fiesta, cualquier experiencia que te haga sentir no vista, activa una sensación de angustia y vienen a ti sentimientos de inseguridad, enojo y ansiedad.

Este dolor del alma se genera en los primeros siete años de vida, después se va reafirmando con otras experiencias. Se relaciona con la ausencia afectiva de nuestros padres. Sin embargo, en el caso de las mujeres, la herida de abandono se vincula con la ausencia del padre, su desprotección, alejamiento, falta de afecto y cuidados.

De niñas teníamos muchas necesidades, muchas hambres afectivas que saciar. Cuando no pueden ser saciadas, estas necesidades quedan con saldo pendiente y como niñas desarrollamos actitudes que nos ayudan a salir adelante. Por ejemplo, nos aferramos a las personas presentes —como madre, abuelita, hermanos— y crecemos dependientes y con mucho miedo de que se vayan o algo les pase.

Esta soledad de infancia hace que nos aferremos a las personas y a las cosas por miedo al abandono. Una parte de nosotras permanece en un estado infantil, en una niña-mujer: el cuerpo crece y parece que eres adulta, pero dentro de ti está la niña con saldo pendiente, con necesidades fundamentales no satisfechas y con mucha hambre de padre. Al crecer y saber que podemos atraer a los hombres, esta necesidad ve la posibilidad de ser cubierta en casi cualquier hombre que muestre interés en ti, ves en él al que sí te cuidará, amará y llenará de todo eso que tanta falta te hizo en tu infancia.

La necesidad de amor de un padre deja una factura afectiva tan fuerte que genera en la adulta deseos compulsivos de entregarse a cualquiera que muestre cierto interés o le dedique un poco de atención, cualquier manifestación de afecto. Eso es suficiente para sentir que es quien necesitas, sin hacer un *casting* mínimo ni mirar conscientemente si ese hombre es en verdad capaz de quererte, está realmente interesado en algo serio o de plano es un hombre que no sabe amar.

Cuando crecemos solas desarrollamos ciertas "habilidades" para salir adelante. Todas esas habilidades tienen una parte positiva en tu día a día, no son sólo negativas, también son cualidades que has desarrollado y en muchos ámbitos de tu vida te hacen muy bien. Pero como son rígidos, en otros aspectos te dañan mucho. Por ejemplo, si fuiste una niña que asumió responsabilidades desde pequeña, hoy ésa es una cualidad, eres muy responsable; pero se convierte en algo negativo cuando se convierte en una manera de trato duro contigo misma y de no saber estar sin responsabilidad y dejar ir. Para una pequeña, encontrarse sola es estar en peligro de muerte. Por ello hoy tienes pánico de repetirlo. Esto se manifiesta en tu necesidad de otros para sentirte estable o en un miedo a estar sola y no terminar con relaciones nocivas. Eso se manifiesta en tu necesidad de agradar, de ser dependiente o estar muy atenta a que el entorno confirme tu valor. Hacer todo porque te quieran y te reconozcan, o porque no se vayan de tu lado, te deja vacía, desconectada de ti, con estados de ánimo muy cambiantes.

Cuando buscamos confirmación desde fuera, entramos en estados muy cambiantes, de "valgo un día y al otro ya no", "valgo si mi jefe está de buenas y me aprueba, pero si está de malas y se molesta entonces ya perdí mi valor".

Las compulsiones por abandono son:
1. Sensación de vacío permanente.
2. No saber estar sola ni cerrar ciclos.
3. Sobredimensionar los problemas.
4. Sentirse víctima.
5. No poner límites.
6. Desconectarse de sí misma.

1. Sensación de vacío permanente

Para la mujer que tiene herida de abandono, el vacío afectivo desde su infancia parece no tener fondo, porque mucho de lo que ha hecho por llenarlo consiste en hacer cosas para agradar a los demás, para ser reconocida, aceptada, para ser linda, buena madre, etcétera. Se crea muchas necesidades falsas que no la dejan satisfecha. Lo hace siempre en relación con lo que los otros esperan de ella o lo que ella cree que hará que los otros la quieran, pero nunca en relación con lo que quiere y necesita de verdad. No suele preguntarse "¿y yo qué necesito en esta situación?", "¿qué es lo que siento?", "¿quiero o no quiero?" Y así se convierte en una experta en hacer cosas que en realidad no desea.

Cuando de niñas aprendimos a no satisfacer nuestras necesidades, crecimos olvidándonos de ellas. Pasamos mucho tiempo haciendo mil cosas para demostrar que somos valiosas, buenas y suficientes. No sabemos estar en paz con lo que somos física, emocional y mentalmente, ni reconocemos nuestro valor.

Aprendimos a funcionar conforme al entorno porque el dolor del abandono no permitía que fuéramos nosotras mismas. Lo único que buscábamos era no ser abandonadas de nuevo así que había que complacer.

Cuando somos niñas no tenemos la capacidad de entender que nuestros padres no están juntos, se pelean, o nuestro padre es infiel, y eso nada tiene que ver con nosotras. En nuestra limitada comprensión de niños sentimos que nuestro padre no está porque no somos valiosas, que nos traiciona a nosotras, que es nuestra culpa. Lo interpretamos de manera personal y en relación a nosotras.

He observado que las cosas que más duelen de nuestros padres son el poco tiempo de juego y complicidad que propiciaron. Tirarse al piso, llevarte al parque y jugar de tú a tú, crea un vínculo, una complicidad fundamental para alimentar ese lazo que hará surgir el afecto y tus hijos sepan que te importan sus necesidades. Toda esta soledad y falta de atención nos enseña que no somos importantes. Son mensajes que afectan nuestra valía personal y por ello crecemos haciendo muchas cosas para valer y merecer.

Aprender a recibir y valorar lo que somos es fundamental. Para que ese vacío se llene no basta con hacer mil cosas y ser muy exitosa, si no aprendes a recibir y hacer un tiempo interior para agradecerte lo que haces, lo que has logrado, para respirar y sentirte profundamente satisfecha contigo y recibir lo que haces bien. Por eso nunca hay llenadera, porque siempre nos volcamos hacia afuera, afuera, afuera. Muy pocas veces eres capaz de apreciar, agradecer y sentirte orgullosa de ti.

¿Te has preguntado cuántas cosas haces por mostrar tu valía, por ser merecedora de afecto? Todo lo que hacemos que no concuerda con lo que en realidad queremos, con lo que de verdad nos resulta importante o necesitamos, si es un deseo impuesto por una creencia o por agradar, nos deja esta sensación de que nada es suficiente.

Nada es suficiente cuando…

1. no sabes reconocer tus logros y no das espacio para sentirte orgullosa por lo realizado y sólo lo haces esperando que otros aplaudan;

2. te cuesta recibir y creer en tu valor;

3. cuando haces todo para agradar a los demás sin preguntarte si puedes, quieres o lo necesitas;

4. cuando te la pasas midiéndote con los otros, comparándote e intentado ser mejor que los demás sin respetar lo que eres;

5. cuando eres muy rígida y exigente contigo misma intentando ser perfecta en todo;

6. cuando estás desconectada de tus verdaderas necesidades.

Pensar que nada es suficiente significa no asimilar lo bueno que hay en tu vida.

2. No saber estar sola ni cerrar ciclos

El nivel de ansiedad y angustia que sientes cuando estás sola, sin pareja o sin nada que hacer, en el silencio de tu casa, en silencio con tus pensamientos, si lo sufres y lo evitas, puede ser una manifestación de la niña que hay en ti. Estar sola desde la visión de la niña interna es sinónimo de abandono. Es una experiencia de dolor que no quieres repetir. Ahora que has crecido, tu miedo a la soledad puede observarse cuando buscas estar siempre ocupada en mil cosas o llegar a tu casa y prender el radio, la tele y todo para no sentir el silencio. No hacer nada empieza a generar mucha ansiedad. Es la vieja experiencia de soledad en la infancia.

Para ti como adulta, aquí y ahora, el silencio es una oportunidad de escucharte, de estar contigo, es una posibilidad de reflexionar, de pensar en lo que quieres, de hacer lo que te gusta, de contacto contigo misma. Te darías cuenta de que es un momento de diálogo contigo, de reflexionar sobre dudas, sobre tus decisiones, etcétera. Son momentos de estar contigo, de disfrutarte, de hacer lo que quieres. Para la adulta la soledad es muy importante, para la niña abandonada es un peligro. ¿Quién manda en ti?

Actualmente no somos unas niñas ni la soledad es un abandono. Esta creencia te limita mucho para estar con tus pensamientos, silencios, sentimientos, y para crecer y enseñarle a esa niña interior que todo está bien y que la soledad es un estado necesario y fundamental para el crecimiento.

Así que gracias al silencio puedes acordar, entender a profundidad ideas, platicar con tu equipo interior, preguntarte qué sientes, qué quieres, establecer diálogos contigo misma. El silencio te permite sentir paz.

Preferimos tener una relación muerta, violenta o ausente, pero no sabemos estar "solas". Muchas mujeres, desde esta incapacidad, traducen la compañía a tener un bulto en la cama. Eso es estar sola y autoengañada. Cuando tu pareja ya no vive la relación con el corazón, llevas mucho tiempo en soledad acompañada. Piensa todo lo que haces sola y cómo en lo fundamental simplemente el otro no está. La soledad acompañada es mucho más dolorosa y violenta; deja mucho más dolor porque te mantiene esperando algo que no vendrá.

No sabes estar sola cuando…
1. siempre tienes un plan porque estar sola sin hacer nada te genera angustia;
2. cuando llegas a tu casa y prendes la tele, el radio y todo lo que haga ruido para no escuchar el silencio;
3. cuando tienes relaciones muertas, en las que ya no queda nada, sólo el cascarón, y con eso te conformas;
4. cuando no tienes actividades sola, como viajar, comer, ir al cine, etcétera;
5. cuando para tomar una decisión pides opinión a todo mundo y no creas espacio de diálogo contigo;
6. cuando piensas que estar acompañada es tener pareja y que vivir sola es estar sola.

3. Sobredimensionar los problemas

Sobredimensionar los problemas es tener desconfigurado el botón de la realidad y hacer de todo un drama, como si todo fuera terrible y considerarlo siempre tres, seis o diez veces más grave y complicado de lo que en realidad es. Este botón se desconfigura cuando la que vive esa circunstancia es tu niña herida y no tu adulta viendo las cosas como son aquí y ahora. Son situaciones que te recuerdan algo que te duele.

Algunos de estos "botones" activadores del abandono son:
- Abusas de mí.
- Estoy sola.
- Me abandonas.
- Me rechazas.
- No me escuchas.
- No me quieres.
- No soy capaz.
- No soy merecedora.
- No soy suficiente.
- No te importo.

Ésta es la idea detrás de ciertos actos que vives fuera de control, sobre todo de las personas más cercanas. Por eso cualquier incidente adquiere grandes dimensiones y tú dramatizas en exceso lo que ocurre: te enojas, te indignas, te duele, lastimas, reclamas. Después de que baja la adrenalina del dolor y entras en tu adulta de nuevo, te das cuenta de que no era para tanto, perdiste el control, te da "cruda" de la realidad, de lo que dijiste o hiciste.

Te conviertes en una Hulk explosiva o de forma pasiva te aíslas o te deprimes, a veces desde el enojo, a veces desde el dolor, la vergüenza, la culpa, el miedo, etcétera. Cuando vuelve, tu parte adulta dice "¿qué hice, qué dije?", y lo que era tu derecho o tenías razón de sentir por tu sobredimensión, termina siendo algo por lo que ahora debes pedir disculpas. En general, esta actitud es un grito de tu herida, es la voz de tu niña diciendo que no la cuidan, no la valoran, no la toman en cuenta ni la protegen. Cuando padeces una reacción exagerada y fuera de control, tocas una herida del pasado; quien sale a la defensa no es la adulta, sino la niña herida que se apoderó de la situación. Además, tal vez la persona con la que te ocurra muy seguido quizá personifica a tu padre —en tu inconsciente— o a alguien cuyo amor te importa o te sientes abandonada por él.

La experiencia de estar sola y desamparada en la infancia hace que interpretes todo acto como una desprotección. Cuando esto ocurre, se activa el botón de la defensa, activa a la niña herida con todo su dolor, enojo y tristeza. Esto no quiere decir que cuando se activa nuestro botón de enojo seamos unas locas que inventamos cosas. No, en la realidad siempre hay algo que dispara ese dolor pero no con la dimensión que tú le confieres. ¡Ése es el tema de la sobredimensión! Que la acción es de nivel tres y tú reacción es nivel diez (es decir, un dolor primario).

No debes descalificar lo que sientes porque es importante validarlo y siempre tiene algo de razón. Por eso resulta fundamental hacer una pausa y reconocer cuál es la idea detrás de los botones actuadores del abandono, que te hacen perder el control, es importante identificar qué fantasía o miedo, dolor hay detrás del botón activador de la niña, cuál de los mencionados anteriormente o quizá otros son tus activadores. Si logramos descargar la emoción de forma consciente con nosotras, validando lo que sientes, lograrás ver el acto de forma objetiva.

Toma el control antes de que tu Hulk se transforme, aplica el freno y reflexiona: ¿qué pasa?, ¿por qué me duele tanto esto?, ¿qué viene de mi viejo dolor y qué sí está pasando de esta situación? De esta forma desmenuzas la situación y observas tu parte y la realidad tal cual es. Y algo muy importante, darle espacio a lo que sientes en ese momento es válido, aunque no sea exactamente lo que está ocurriendo. Recuerda: las emociones son irracionales, no importa que para tu parte adulta no tenga lógica. Aprenderemos esto en el próximo capítulo.

Al principio todo esto es difícil, quizá comiences el análisis ya que hiciste destrozos, como diría una alumna: "Mi niña interna tiró toda la casa." Está bien, por algo se empieza, pero ve ganando fuerza porque si analizas te quedarán claras muchas cosas de ti y de la realidad, lo que te ayudará para la siguiente ocasión que te encuentres en una situación perecida. Sabrás lo que te pasa y tus emociones negativas se dimensionarán mejor.

Cuanto más drama haces, más dolor hay en tu corazón. Piensa que muchas cosas que te desequilibran, que sacan lo peor de ti, ya sea con tu pareja u otras personas, son viejos dolores no sanados de tu infancia. Reflexiona por qué sigues atrayendo esa realidad, recreando una y otra vez el mismo dolor en tu vida.

Al validar lo que sientes y reconocer lo que te pasa sin darle el timón o el poder a la niña herida en ti, observarás que lo que te hace sentir abandonada o rechazada no es precisamente lo que está pasando aquí y ahora, más bien es una interpretación tuya. Así, tu adulta se irá fortaleciendo y tomará el control de la situación cada vez con más fuerza.

Sobredimensionas cuando...
1. vives situaciones que traduces de forma infantil desde el dolor y sin darte cuenta de si el acto objetivo dice lo que estás sintiendo;
2. cuando pierdes el control y sobrerreaccionas ante ciertas circunstancias;
3. cuando un acto toca el viejo dolor del pasado y hace que tu niña herida tome el control;
4. cuando lastimas y después te sientes culpable;
5. cuando tus reacciones son un gran drama.

4. Sentirse víctima

Otra de las actitudes que llegó para quedarse —mientras lo permitamos, claro está— es la experiencia de sentirse una víctima de las circunstancias. Para que exista la víctima es necesario que alguien haya abusado de ella. Esto pudo haber sido algo real en tu infancia. Cuando de niños somos abusados emocionalmente nos queda una sensación de maltrato. Esta idea se queda en ti y creces con ella si no reconoces la responsabilidad de tus actos. Cuando algo te lastima, sientes que las personas son las que te maltratan. Así aprendes a ver el mundo y a sentir que los demás abusan de ti, que no te agradecen, que no te valoran, que son demandantes, que no los satisfaces con nada. Siempre hay un responsable de lo que te pasa y ése no eres tú.

Somos abusados emocionalmente cuando nuestros padres nos usan para su beneficio o propician actos que, debido a nuestra edad, no estamos maduros para vivir y agreden la visión que tenemos de nosotros mismos y de los demás.

Algunos tipos de abuso emocional son: abandonar a tus hijos a su suerte, descalificar lo que sienten, desquitarse con ellos de lo que te pasa, hablar mal de su papá o mamá, discutir con tu pareja y que ellos escuchen, hacer que asuman responsabilidades que no les corresponden, ser exigentes e intolerantes, compararlos, amenazar con dejarlos de querer o abandonarlos, todos estos son tipos de abusos a los niños.

Todas estas experiencias dejaron una niña con sensación de ser abusada y maltratada. Sentirse así se vuelve un hábito. La manera de percibir aprendida de tu infancia es uno de los aspectos que más te limitan para crecer, porque cuando aparece la víctima te impide reconocer tu propia responsabilidad. Lo mejor sería analizar cómo generas o permites las realidades que vives para hacerte responsable y generar un cambio en tu vida. La víctima no es una adulta, es una niña que siente que los demás no la quieren ni la valoran. La víctima es pasiva y así aprendió a reconocerse. Una mujer víctima tiene una imagen muy frágil y limitada de sí misma. Se autodetermina como si fuera una niña, incapaz de defenderse y decidir lo que quiere o no en su vida.

Vivimos en una cultura de mujeres víctimas. El prototipo de la mujer buena es una víctima: la sacrificada que dice sí a todo. Un aspecto negativo de ese tipo de mujer es que así aprendió a manipular, a sacar provecho o hacer que quienes están cerca de ella actuaran a partir de su fragilidad. Por ejemplo, una mamá víctima cobra factura a través de sus hijos: "Yo tuve que soportar a tu padre durante años por ti", "Yo me he sacrificado por ti", o "Tanto que he hecho por ti y no haces lo que te digo". Lo que hay detrás estos mensajes es: "Yo te he dado tanto y me he sacrificado tanto que ahora tú me debes", "Este sacrificio te ha generado una facturita que pagarás no abandonándome y siendo yo tu prioridad", claro, todo esto es a nivel inconsciente.

Los hijos de madres con herida de abandono suelen cargar con esa factura y sienten que hay que hacer mucho para agradecer todo el sacrificio que su madre vivió, por ser tan incondicional y estar siempre presente. La sienten como "pobre, ella que tanto sufrió". Esto forma parte de la sensación de deuda. No se trata de no ser agradecidos ni de desconocer todo lo que nos dan, pero hay que hacerlo desde una mayor libertad y no como deuda.

Cuando tu mamá es como tu Dios, no sabes estar sin ella y te sientes en deuda, estás viviendo el efecto de la mamá víctima y en el fondo esto te enoja. Por ello hay ocasiones en que le contestas muy mal, te enfada o te harta: es la emoción de fondo cuando asumimos una posición no sana y libre.

La mujer que vive esta herida tiene necesidad de ser buena y sacrificarse. Cuando tiene hijas, su ejemplo las hace pasivas o todo lo contrario, más masculinas, porque su energía tan pasiva hace que quieran ser más como su papá. Sin embargo, a los hijos varones siempre los trata como niños que necesitan de su madre; por ello, les resuelve los problemas, los consiente y hace todo por ellos. Es incondicional y hace a sus hijos dependientes de ella. Así, ese tipo de hombres se siente en deuda con su mamá y la santifica. Por ejemplo, hacen que ella vaya delante en el auto y su esposa atrás, comen todos los días o muy frecuentemente en casa de su mamá y la hacen partícipe de todas sus decisiones. Hacen lo que ella dice y su palabra tiene mucho peso.

La relación de esa madre con las parejas de sus hijos es muy conflictiva. Esas madres son como rivales de la nuera, la critican, descalifican y compiten con ella; sienten que no les cuida a sus hijos como ellos merecen y que no son suficientes para ellos. Suelen ser suegras metiches y criticonas que se meten hasta la cocina porque, según ellas, la esposa nunca hace bien las cosas.

Lucía, 37 años
Mi esposo hace todo lo que su mamá dice. La señora lo manipula todo el tiempo. Claro, como ella es la del dinero, vivimos en su casa. Todo el tiempo me dice cómo hacer las cosas, a él lo trata como retrasado mental. Cuando llega mi esposo, parece que llegó el mismísimo Dios: lo apapacha y le sirve de cenar y yo me quedo que reviento del enojo y, cada que le reclamo, si hablo mal de su mamá casi me quiere matar, me dice que estoy loca y que su mamá sólo quiere lo mejor para él, que yo no alucine. El colmo fue la otra vez. Estábamos bañándonos juntos y ella entró al baño, así, sin pudor alguno, para decirle que nos saliéramos de bañar en ese momento porque ya era tarde. Estaba como celosa de que nos estábamos bañando juntos y hasta que no cerramos la regadera se salió.

Parece historia de terror, pero es real. Esto es muy común con las mujeres que sustituyen el afecto de los esposos —generalmente ausentes— hacia los hijos. Es una especie de enamoramiento del hijo a nivel inconsciente, en el que el vacío del esposo lo sustituyen con el hijo. Sé que es fuerte y parece historia de terror, pero es real a un nivel inconsciente y una mujer que ha criado hijos así, difícilmente lo reconocerá. Es casi imposible aceptar que ha construido una relación con su hijo donde proyectó a su esposo ausente; para ellas, sólo aman demasiado a sus hijos y quieren lo mejor para ellos.

Como este hombre está acostumbrado a tener una mamá idealizada, fuerte y dominante, va a sentirse atraído por mujeres que sean igual que su madre y que también quieran controlarlo. La consecuencia es que esa relación de pareja se convierte en una lucha interminable que enferma de odio a quien la vive. Todos los que participan en este juego viven llenos de enojo y frustración.

Los hombres dentro de este juego experimentan una autoridad castrada por la madre, que les enseñó a hacer las cosas como ella dice, lo cual, en el fondo, les molesta. Hay un enojo inconsciente con las mujeres por la forma en que ahora dependen de ellas, a través de lo que aprendió con su mamá. Por algunos momentos serán frágiles como niños y en otros manifestarán una violencia reprimida que sale a cortar cabezas. Expresan esta agresividad sobre todo con la pareja, y de forma pasiva, dejan de hacer cosas importantes, como por por ejemplo: olvidan hacer un pago importante o alguna responsabilidad en la casa, ya que no se permiten imaginar siquiera que el enojo sea con su madre, porque ella está en un pedestal. Entonces, son violentos con la pareja, con ella sacan toda su frustración. En mi consultorio, a donde también acuden hombres, recibí este testimonio.

Alberto, 40 años
Mi madre es todo para mí. Ella siempre ha estado conmigo. Se mataba trabajando, vendía fruta en el mercado y al terminar llegaba a la casa a cocinar para mis hermanos y para mí. Siempre fue una mujer fuerte y trabajadora pero dependía mucho de mi papá. Él llegaba borracho, era infiel, la golpeaba. Yo lo único que quería era protegerla, mientras mis hermanos jugaban en la calle, yo estaba ahí a su lado. Me sentía muy adulto y fuera de esos juegos. Crecí pegado a sus faldas, ella me consentía mucho y me trataba siempre diferente a mis hermanos, me cocinaba lo que me gustaba, me compraba ropa, era ultracariñosa y protectora conmigo.

Cuando crecí, empecé a confrontar a mi papá para que no le hiciera nada. Así, un día lo golpeé y nunca más la tocó. Yo le platicaba todo a mi mamá, me daba consejos, dormía con ella cuando mi papá no llegaba temprano. Así crecí, muy cerca de ella, pidiendo su opinión para todo. El día que llevé a mi primera novia a la casa mi mamá se portó muy grosera con ella. Más tarde le pregunté qué le pasaba y me pidió que terminara la relación, porque esa mujer me iba a hacer mucho daño pues no era buena. Nunca había nadie que fuera suficientemente buena para mi mamá y pasé varios años solo, en lealtad a mi madre.

Todos buscamos retornar al equilibrio cuando las cosas se han descompuesto en nuestro entorno. Piensa que el cuerpo lo hace: cuando se desequilibra, de inmediato busca volver a su centro. Cuando somos niños buscamos equilibrio con los recursos con los que contamos. En este caso, Alberto quiso hacerlo con su familia, responsabilizándose de su madre, asumiendo el cargo que su padre no cumplió, cuidarla y quererla. Él se convirtió en el rescatador y protector de ella. Así asumió un rol de "pareja" con su mamá, que no le correspondía, distorsiona su relación sana de hijo y, en consecuencia, su relación con las mujeres.

Éstas son decisiones inconscientes en busca del equilibrio en la familia: si no hay autoridad, alguien debe asumirla; si no hay límites, alguien tiene que ponerlos; y si alguien es la víctima, hay un victimario y un rescatador. Generalmente, la mamá sufriente y víctima busca que sus hijos se conviertan en sus rescatadores.

Éste es el triángulo dramático que genera el juego: rescatador, víctima, perseguidor. Si todos fuéramos un poco más adultos y asumiéramos la responsabilidad de nuestra vida, no estaríamos proyectando esas cargas en los hijos e identificaríamos cuando estamos cayendo en algo no sano.

La posición de víctima es uno de los principales venenos en los seres humanos. En la mujer es permitido culturalmente, es fomentado y enseñado. Por eso debemos estar muy atentas a la víctima que hay en nosotras, porque puede llevarnos a círculos de dolor interminables donde patinemos en el dolor y la pasividad por años.

Si tú identificas la herida de abandono en una parte de ti, aunque sea de manera silenciosa, la víctima puede estar sintiendo que la vida, los hombres, las circunstancias y las personas la maltratan y ella no es responsable.

Susana, 28 años

Mi novio terminó conmigo. Me siento fatal. De verdad, quiero morirme. Le di todo y siempre procuré mejorar nuestra relación, dejé a muchos de mis amigos porque a él le molestaban. Me entregué completa. En la relación no había un límite para él. Por ejemplo, le encantaba jugar boliche, así que me hice una experta en ese pasatiempo, con tal de compartir ese espacio con él. Yo siempre lo escuchaba. En varias ocasiones acudió a mí para quejarse por cosas que le hacían en su trabajo o su familia, y yo estaba siempre ahí. Pensaba en él todo el tiempo, incluso no fui a estudiar mi maestría en el extranjero porque él era la prioridad y me pidió que no me fuera. Ahora sólo una pregunta da vueltas y vueltas en mi cabeza, ¿por qué se fue? No lo entiendo, me siento morir.

¿Te identificas? Quizá no en todo, pero seguramente muchas veces has sentido que diste mucho, que dejaste muchas cosas por la relación, que tu vida giraba en torno a él y no lo agradeció, al grado de rechazarte o dejarte por otra. Esos pensamientos son los de la víctima. La sensación de no ser valorada, querida, respetada, tomada en cuenta, y que no hay nada que hacer.

La víctima no se hace responsable de sus elecciones. Tenemos que entender que la actitud de "soy tuya incondicionalmente" hace que el otro te considere algo hecho y te desvalorice. Cuando hacemos esto con las parejas o las personas, el mensaje que mandamos es "yo no valgo nada, patéame, sólo importas tú"; el efecto es que las personas pierdan todo interés. ¡Qué paradójico! Lo que hacemos para retener a nuestra pareja, para que nos quiera, cuando nosotras no nos queremos, hace que él se vaya porque con los actos le decimos que no tenemos suficiente valor personal.

Muchas mujeres debilitan o pierden su identidad por el afán de agradar a su pareja, ser aceptadas, queridas y nunca abandonadas por él. Deberías tomar en cuenta que siempre que dejemos lo que somos, nuestros sueños, familia, amigos e identidad propia, estaremos perdiéndolo todo y dejándonos a costa del otro.

> "Una víctima es una mujer que lleva mucho tiempo
> quejándose de una realidad y sigue en ella."

Eres víctima cuando…

1. te cuesta trabajo o no ves nunca cómo generas o permites las realidades de dolor que vives;
2. cuando te quejas de las personas o las circunstancias y no haces nada por cambiar la realidad;
3. cuando pasas factura diciéndoles a los otros lo que haces por ellos;
4. cuando no asumes tu responsabilidad de las elecciones y decisiones que tomas;
5. cuando niegas, ignoras, descalificas o minimizas un problema.

5. No poner límites

Éste es un tema importantísimo, por ello es conveniente que lo observes con mucha atención. ¿Te pasa regularmente que cuando alguien está enojado o triste, sientes que debes hacer algo? ¿Sueles echarte la culpa y sentir que es por ti que las cosas no funcionan en tus relaciones? ¿Haces muchas cosas porque no sabes decir no? ¿Cuando tienes una relación significativa, te mimetizas y adoptas hábitos de tu pareja? ¿Cuando sale con sus amigos lo interpretas como un "no me quiere lo sufiente"? Cuando llevas mucho tiempo mirando el mundo desde esta perspectiva, crees que la realidad es así, pero no te das cuenta de que no es sana la manera en que manejas tus límites, lo cual te causa mucho dolor.

Los límites están relacionados con el respeto, la protección, la identidad, la seguridad y la confianza. Cuando marcamos límites nos proporcionamos todo eso a nosotros mismos y a los otros. En cambio, cuando no sabemos poner límites nos fusionamos con los otros, quedamos desprotegidos, perdemos la confianza y la identidad. Todo lo que le ocurre al otro lo adoptamos, nos sentimos involucrados y nos tomamos lo suyo de manera personal.

Ariana, 28 años

Empecé a andar con Manuel cuando estaba muy solo, había perdido a su mamá, yo lo acogí y quise cuidarlo. Le presenté a mi familia y mi familia inmediatamente lo adoptó. Pasábamos todas las tardes y el fin de semana con mi familia. Al principio era padre, pero cuando pasó el tiempo y todo era con mi familia, empecé a pedirle espacios para nosotros solos. A él parecía no importarle. Llegó un momento en que ya estaba harta, él sólo quería estar con mi familia. Empecé a ponerme celosa de mi mamá por la forma en que lo trataba y platicaba con él, empecé a sentirme desplazada como si lo único que él quisiera fuera a mi familia y no estar conmigo. Pasó el tiempo y eso se empezó a descomponer más, yo discutía todo el tiempo con él. Él estaba en mi casa sin que yo estuviera, con mi hermana y mi mamá. Eso me empezó a enfermar de celos. Me enojaba con todo mundo y hacía todo para controlarlo, que él fuera lo que yo quería que fuera. Nunca me di cuenta de que él no buscaba una novia, buscaba una familia, y una parte de mí lo sabía y viví uno de los momentos más dolorosos de mi vida intentando hacer que él me quisiera.

Éste es un testimonio que ilustra una realidad de falta de límites. Desde la necesidad ofrecemos al otro todo para que esté bien, intuimos qué necesita y se lo damos en un intento de resolverle la vida. La falta de límites y de dar a cada cosa su lugar transformaron esta experiencia en un caos, en enojo con su familia y con él.

Un sano límite es comprender con claridad que los estados emocionales de los otros —tristeza, enojo, frustración, aburrimiento— no tienen que ver contigo. No tenemos por qué resolverle la vida a las personas o ser rescatadores de todo el que lo necesita. Podemos acompañar, entregar afecto, pero rescatar ya es cargar al otro; llevártelo a vivir a tu casa, darle de comer, resolverle la vida, eso nunca terminará en algo sano. Hay que dar espacio a cada cual para que su circunstancia lo haga crecer. Podemos apoyar, no resolver.

Nos sentimos en la necesidad de rescatar, resolver o nos creemos responsables de lo que el otro hace porque crecimos en familias sin límites, donde los estados de ánimo de los padres nos hacían sentir responsables. Es muy común en familias de alcohólicos que todos se sientan responsables del alcoholismo del padre, o que hagan cosas para cuidarlos y resolverles su problema de adicción. Desde la visión del niño es como ser responsable de lo que pasa, y así crece, sintiéndose con la obligación de rescatar a los demás. El otro elige hacer lo que puede, ponte un límite a ti misma diciéndote, "él elige como quiere estar, tiene la capacidad de resolverlo y la responsabilidad de su vida". Date cuenta de que su carencia no tiene que ver contigo y no te fusiones con los otros. Ten claro que los demás hacen o dejan de hacer porque es lo que pueden, porque tiene que ver con ellos y su capacidad de elección o su limitación, no se trata de ti.

Normalmente relacionamos de manera equivocada los límites con ideas como separación, abandono, rechazo, desprecio, desamor e indiferencia, pero eso no es real. Los límites te ayudan a conocer quién eres, lo que quieres o no y lo que necesitas o no; además de identificar quién es el otro, así como el respeto y la protección de ti misma.

La necesidad de ser amada a cualquier precio, de ser querida y aceptada, te lleva a no poner límites porque crees que al ponerlos o aceptarlos te arriesgas a que el otro deje de quererte o se enoje contigo. Esos miedos hacen que no seas capaz de expresar "no quiero", "no puedo", "no me gusta", "eso no va conmigo", "no me hace sentir bien", "no quiero vivirlo", "no lo merezco", "no te permito". Sin embargo, el dolor del abandono y el rechazo de tu infancia te llevan a interpretar los límites como un abandono, un no me importas. Resulta muy doloroso, como un rechazo a nuestra persona, y eso nos trae muchos problemas en todas nuestras relaciones con los otros.

Claudia, 34 años

Me siento muy mal. El domingo hubo una discusión en casa porque mi papá se enojó mucho. Te cuento cómo fue: mi mamá acabó de preparar la comida, y ya era hora de comer, le habló a mi papá y él no venía, así que yo le sugerí a mi mamá que nos sentáramos a comer. Ella no aceptó del todo la idea, y por eso le dije: "ya le hablaste, yo creo que ahorita viene." Nos sentamos a comer. Al poco rato, mi papá bajó y se enojó mucho porque, según él, no le habíamos hablado. Nos gritó y se encerró en su cuarto. Mi mamá no me habló durante toda la comida porque estaba muy enojada conmigo. Yo me sentía muy culpable por haber hecho que mi papá se enojara con mi mamá y mi mamá conmigo.

¿Este incidente era responsabilidad de Claudia? Evidentemente no: su padre baja y elige molestarse, es el típico juego de culpas de una familia disfuncional donde todos son responsables de la elección de un miembro de hacer lo que hace.

Cuando no sabes poner límites sientes que eres responsable de sucesos como el de Claudia. Cuando creces en una familia con una madre y un padre dependientes entre sí, se generan círculos viciosos en los que todos culpan a todos y todos sienten el derecho de opinar y meterse en la vida de los demás. Es un festín de falta de límites. En una sana relación de familia se respetan las elecciones del otro, a pesar de que tú las consideres incorrectas. Cuando vives sin límites, no reconoces dónde estás tú y dónde empieza el derecho del otro, por lo que se crean vínculos poco sanos.

Si vives o viviste con tus padres después de los veinticinco años (pienso en esa edad por los rasgos culturales mexicanos, pero creo que podemos aprender a vivir solos desde antes), sabrás que es muy daniño para el proceso de adultez y crecimiento, porque las dinámicas y hábitos que se generan en la relación padres e hijos pueden estar viciados: ellos con sus carencias, y tú sin la posibilidad de vivir algo diferente; no te tratan nunca como adulto, puesto que siempre serás la hija que vives con sus padres o también cuando se cambian los papeles, ahora tú eres la que empiezas a regañarlos y a ser su padre, y eso no está bien.

Vivir con los padres siendo un adulto limitará tu crecimiento porque siempre serás parte de sus dinámicas. La persona que no quiere vivir sola y probarse, no quiere terminar de crecer, tiene complejo de Peter Pan, aunque trabaje, gane su dinero y sea aparentemente independiente. En realidad esas personas se saben frágiles por dentro y adoptan el papel de padre o madre que vio en la familia, continuando en una dinámica poco sana. Por ello es fundamental salir de casa de los padres y vivir el proceso de adultez en un espacio propio. Si no ocurre eso, nunca vas a crecer del todo. Mientras más tiempo pasa, más atada estás porque al hacerse viejos, ellos necesitarán de ti cada vez más. Después para todos los familiares será tu responsabilidad cuidarlos y estarás atada y frustrada por toda la vida al saber que en el fondo nunca elegiste eso.

Angelina, 36 años

Mi idea era comprar una casa e irme a vivir con mis papás. Asumí la responsabilidad de cuidarlos, ya lo daba por hecho. Toda mi familia asumía que yo pasaría el resto de mi vida cuidando a mis padres. Compré mi auto y ellos me llevaban a todos lados, eran muy protectores. Yo tenía miedo a crecer, así que elegí quedarme chiquita y protegida a su lado. Después de un proceso de terapia me di cuenta de que era una elección desde el miedo, que estaba enojada con la responsabilidad de cuidarlos cuando lo que en verdad quería era vivir, salir de mi mundo conocido y protegido y crecer.

Al terminar mi proceso de dos años de trabajo en los cursos de autoestima, logré salir de mi casa, comprar mi departamento y empezar la aventura de vivir sola. Para mis padres fue muy fuerte, pero poco a poco han entendido que tengo derecho a vivir mi vida como quiero y puedo quererlos y cuidarlos, pero no cargarlos.

Muchas personas eligen estar con sus padres como una huida de la vida que les atemoriza. Hacer su propia familia, vivir solos y crecer es demasiado. Quedarse desde el miedo te hará la persona más amargada y llena de frustración con esos padres. Vivir sola y crecer cuesta, pero la factura es mucho más barata que quedarte por miedo en ese lugar "cómodo y conocido" de la vida con tus padres. Poner límites es lo mejor que podemos aprender en nuestra vida, sobre todo cuando crecimos bajo todas estas circunstancias que nos fueron enseñando formas muy disfuncionales de relación. Por nuestra hambre, nuestro miedo al abandono y a no ser aceptadas, no sabemos hacerlo, pero algo muy importante que no debes olvidar es que quien no pone límites le dice al otro: "Yo no valgo nada."

Perdemos dignidad, integridad, seguridad, confianza, autoestima, sueños, muchas cosas se pierden cuando no sabemos poner límites. Desde lo más superficial hasta lo más profundo. Aprender a decir no es ser leales a nosotras mismas. Recuerda siempre que los demás llegarán hasta donde tus límites se los permitan.

No pones límites cuando…

1. cargas a las personas y resuelves sus vidas;
2. haces cosas sólo porque los otros lo esperan, sin preguntarte si puedes o quieres;
3. no sabes decir lo que quieres;
4. eres dependiente de tus padres o de la pareja;
5. sientes que eres responsable de las elecciones y las necesidades de otros.

6. Desconectarte de ti misma

Aprendemos a negar la realidad cuando nos sometemos a experiencias que nos lastiman y nos frustran, nos sentimos impotentes para cambiarlo y terminamos negándolo.

Esto lo veo frecuentemente en mujeres dependientes. Suelen negar, minimizar, descalificar, ignorar las realidades que viven, lo que provoca que se desconecten de la realidad o que el conflicto se haga enorme.

Todas las necesidades que no podemos saciar —respeto, amor, autosuficiencia—, después de un tiempo de no encontrar formas de ser saciadas, simplemente nuestra conciencia se desconecta de ellas. No quiere decir que ya no las necesitemos, sólo dejamos de verlas aunque en nuestro interior sigan activas.

Si de niñas no fueron saciadas nuestras necesidades de protección, afecto, aprobación, caricias, afirmación, pudimos desconectarnos de ellas y vivir en una forma de negación de lo que queremos y necesitamos.

Vivimos en una cultura en la que el dolor es negado. No sabemos cómo vivir nuestro dolor, cómo recibir y estar con alguien que vive un dolor. Ignoramos cómo actuar cuando nuestros hijos viven momentos de dolor. Lo común es pensar en consolarlos para que dejen de sentirlo o decirles que no pasa nada. Al hacerlo, negamos lo que están sintiendo y no les permitimos desahogar y sanar el dolor que tienen. Cuando en tu infancia vivías experiencias de dolor que no expresabas o no había espacio para llorar, para ser escuchado, abrazado, el mensaje que interpretas —además de "estoy sola y mis necesidades no importan"— es una forma de aprender a ignorar lo que te pasa, "no tienes derecho a tener necesidades y nosotros no vamos a llenarlas".

Otra forma de educarnos en la cultura de la evasión y negación de las realidades es cuando en la familia pasan cosas y todos se hacen de la vista gorda; cuando hay abuso y nadie pone un límite. Por ejemplo, si tus padres se pelearon por la noche, y todos escucharon, y al día siguiente ninguno de los dos pide disculpas por la discusión, o nadie habla del asunto, como si no hubiera pasado nada. Entre los recuerdos que un niño no olvida son los momentos en que escuchaba a sus padres violentarse. Esas memorias están llenas de dolor que un niño carga por años y hace como si nada pasara, como una manera de descalificar y negar una realidad dolorosa. El dolor no expresado se hace trauma, y lo atraes una y otra vez.

¿Qué hubiera pasado si escuchas discutir a tus papás y al día siguiente te piden disculpas y te dicen que no tienes por qué escuchar esas discusiones, además te prometen que no volverá a pasar? Con este acto los padres dirían: "Lo que sientes nos importa, esto es real y no vamos a lastimarte." Este comportamiento valida lo que sientes y te hace sentir respetado y protegido. Pero si al día siguiente todos lo ignoran, nadie dice nada como si no hubiera pasado, eso te enseña que el dolor se niega, que los problemas no se enfrentan ni se resuelven, que las cosas desagradables no se hablan y en consecuencia hay que negarlas o evadirlas. De tal forma que nos vamos desconectando de la sana manera de percibir y validar lo que pasa.

Negamos lo que pasa porque nos sentimos incapaces para transformarlo, pero eso es una mentira desde la óptica infantil. Sentirse rebasado por sus circunstancias y sin posibilidad de cambiarlas es muy común cuando miramos con ojos de niños y nos fusionamos con las personas y descontamos nuestra propia capacidad para cuidarnos y salir adelante. Nos hacemos dependientes del otro y sentimos que sin esa persona no podemos salir adelante. Entonces cualquier cosa que esa persona haga la negaremos o la minimizaremos porque nos sentimos impotentes para alejarnos o poner límites, todo a nivel inconsciente.

Sonia, 23 años

Empecé a andar con Pedro. Él era lo máximo, tenía detalles conmigo que nadie había tenido jamás, era protector, atento, me cuidaba. Recuerdo un día que yo estaba en la escuela, hacía mucho frío y no llevaba chamarra; él me habló y al darse cuenta de que tenía frío me compró una chamarra y me la llevó hasta la escuela. Yo estaba profundamente enamorada de él, no sé en qué momento empezó a transformarse y a tratarme mal. Me celaba mucho, todo el tiempo sentía que lo engañaba. Me trataba como si fuera una cualquiera y me hacía escenas de celos, donde yo le rogaba que me creyera.

La relación se fue convirtiendo en un infierno. Me golpeaba, me interrogaba, me acosaba, y yo no podía estar sin él. Aguanté todo, porque era increíble conmigo cuando sus celos no lo enfermaban, le permití mucho y no quería darme cuenta de que estaba enfermo

93

y yo también. Siempre descalifiqué lo que pasaba hasta que un día casi me mata. Me costó muchísimo reconocer lo que pasaba.

Cuando minimizamos lo que pasa lo llevamos hasta su máxima expresión porque no lo paramos, lo evadimos porque no sabemos tomar una decisión. En el caso de Sonia, él era tan protector y generoso, y la quería tanto que cuando la celaba ella negaba su carácter posesivo para no romper su necesidad de él.

Si enfrentamos lo que pasa evitaremos que las cosas vayan a un nivel de destrucción que será muy difícil enderezar. Como en el caso de Sonia, la destrucción que deja una pareja violenta en términos de seguridad y autoestima genera una violencia que puede ser invisible y va directo al alma de la persona.

Negar la realidad y no enfrentarla nos impide madurar. Una parte de nosotras se queda con la mirada de la niña, negando la realidad y viendo lo que quiere ver por miedo a hacerse cargo de sí misma; por ejemplo, fantasea que los hombres son como en sus sueños; que un hombre va a cambiar por ellas; que no es violento sólo es intenso; que no es que no la quiera, sino que le encanta su trabajo y nunca está en casa; no es que sea infiel, es que las mujeres lo manipulan; no es que estemos mal como pareja, pero no hacemos el amor hace más de seis meses, y más ejemplos en los que, a pesar de que el mensaje es muy claro, no lo queremos ver, lo negamos.

No ver la realidad, no ver claras señales de lo que el otro es y hacer como si no pasara nada, es evadir lo que desde el principio es evidente.

Te desconectas de la realidad cuando…

1. niegas lo que sientes y haces como si no pasara nada;
2. minimizas las actitudes destructivas o no das mucha importancia a las señales;
3. ves al príncipe en alguien que nunca ha prometido serlo y construyes historias sobre cómo se convertirá en el príncipe que tanto esperabas;
4. niegas las señales que te dicen que algo no está bien en esta persona;
5. no quieres hacerte responsable de tu vida y tomar decisiones.

Todas las características de la niña abandonada de las que hablamos en este capítulo están relacionadas con el hambre de hombre. Como resultado tenemos una relación con ellos donde hay muy poca valoración de ti misma, y mucha necesidad de ser amada. Cuando tenemos esta herida nos acostumbramos a vivir en el dolor y en la sensación de no ser queridas. No estamos acostumbradas a sentirnos amadas, acompañadas y seguras, y que nuestras necesidades son importantes. Lo primero que debemos sanar es la condición de haber crecido con tantas carencias que hoy siguen vigentes pidiendo ser cubiertas y nadie va a cubrir del todo, excepto nosotras. La sanación se crea construyendo la relación contigo y saciando estas necesidades con consecuencia. Merecemos ser amadas, pero primero por nosotras mismas, para enseñarle a los hombres que llegan a tu vida cómo tratarte con cariño y respeto.

4

La traición desde la mujer controladora

Traición es lo que sentimos cuando esperamos algo de las personas y las situaciones, y nuestras expectativas no son cumplidas. Al hablar de traición no sólo nos referimos a la infidelidad de pareja, de hecho podemos sentirnos traicionados por muchas esperanzas incumplidas. Te sientes traicionada cuando esperas algo y eso no sucede; cuando confías en que algo será de una forma y resulta diferente, por ejemplo, un compromiso explícito, algo que te aseguraron que sería o pensaste que pasaría de tal forma y simplemente no se dio.

La experiencia de traición en la infancia puede ser una pérdida de confianza en tus padres, una desilusión de la niña con su padre, madre o entorno familiar. Esperamos que los padres den afecto, protección, amor y aceptación. Sin embargo, hay experiencias desagradables, como cuando te das cuenta de que tus padres no sólo no son los mejores, sino que son mentirosos o no son dignos de confianza. Con un padre o una madre alcohólico la pérdida de confianza es total, el entorno es hostil y todo es impredecible. Esto genera inseguridad, miedo, inestabilidad emocional en la niña porque está desprotegida, no se siente a salvo y no puede crecer confiada.

Sentir en la infancia que no somos amenazados, que nuestros padres nos aceptan, nos cuidan, nos ponen límites, que son los protectores y puedes creer en ellos, que el entorno es estable, etcétera, genera confianza en nosotros y en el mundo, lo cual es fundamental para crecer emocionalmente sanos. No tenemos que preocuparnos por defendernos sino por crecer y punto.

"Crecer sintiendo que estoy bien con el mundo
y que el mundo está bien conmigo."

Perder de niña la confianza en el entorno deja una huella dolorosa de traición, la cual se desarrolla los primeros siete años de vida. Suele generarse en entornos caóticos e inestables, donde no hay estructura ni seguridad sino ausencia, pleitos, agresión, abusos, desconfianza, o en familias con padres con tendencia a las adicciones, y la pequeña se siente desprotegida.

Un entorno típico de inestabilidad sería: hoy todo está bien pero mañana ya se pelearon tus papás y ya le pegó tu papá a tu mamá, o viceversa; o ya se emborrachó tu papá y sientes mucha incertidumbre de lo que vaya a pasar; o también un día estás en tu casa y otro en casa de tus abuelos porque tus papás ya se pelearon. En general, todas son circunstancias que causan inestabilidad. Por lo que sientes que debes defenderte de ese entorno nada confiable, que hay que crecer rápido para tener el control. Esos ambientes tan amenazantes para la niña van quebrando su confianza haciendo que crezca siempre a la defensiva y aprendiendo a protegerse sola y desarrollando una necesidad de controlarlo todo.

De esta manera empiezas a actuar como adulta, a asumir responsabilidades que no te corresponden, a madurar rápidamente, a ser una pequeña adulta o a estar a la defensiva y sentirte ansiosa de que las cosas de tu entorno no te lastimen, creando una barrera que te defienda del dolor.

La niña que creció en circunstancias donde perdió la confianza en sus padres y el entorno, desarrollará una capacidad de estar a la defensiva, y una estructura y responsabilidad, que le serán muy útiles para salir adelante durante su infancia. El problema es que esa defensa permanece a lo largo de su vida adulta y se convertirá a la larga en una limitación para vivir, pues no sabrá ser vulnerable y será poco confiada en la vida, con los hombres, con todo.

La herida de traición está muy relacionada con el progenitor del sexo apuesto. En el caso de las mujeres se asocia con la traición del padre. La imagen idealizada de él se cae de manera dolorosa, decepcionando a la niña y rompiendo sus esquemas afectivos. Esta pérdida de la confianza en el padre se reflejará en una incapacidad para confiar en los hombres con los que se relacionará en el futuro.

Por tal motivo una mujer adulta de forma inconsciente puede sentirse atraída por hombres que se parezcan a su padre y proyectar los asuntos no resueltos con él, o simplemente repetir la misma historia. Un ejemplo de proyección sería, si tu papá le fue infiel a tu mamá cuando eras niña, con tu pareja buscas hacer todo para que no se repita la misma realidad, pero al final la ansiedad y el miedo puede recrear la vieja historia de traición y llevarte al dolor original de la traición a la niña.

Como dije en el capítulo anterior, cuando tenemos dolores no sanados hacia nuestro padre, en la vida de pareja buscamos cerrarlos y atraer un hombre parecido o alguien en quien proyectamos todos estas afectaciones de la infancia.

Los actos que rompen la confianza a una niña son relacionados con su padre, recordemos que es nuestra referencia masculina: cuando es infiel a tu madre; cuando es alcohólico; cuando vives un abuso sexual; cuando tu padre maltrata o violenta a tu madre; cuando miente y promete cosas que nunca cumple y, en general, todas las circunstancias en que sientes una decepción profunda por lo que esperabas de él.

Elisa, 36 años

Siempre tuve una imagen muy fuerte de mi papá. La gente, en general, lo trataba con mucho respeto. Era responsable, correcto en todo lo que hacía, siempre cumplió en la casa con mi mamá, era trabajador y un hombre de palabra. Era el director de la escuela primaria donde yo estudiaba. Todo mundo le decía don Carlos y yo me sentía muy orgullosa de mi papá, pero era muy decepcionante para mí ver cómo el padre al que admiraba tanto era tan humillado por mi mamá. Ella le hablaba mal, lo trataba como si fuera su hijo y lo regañaba, le decía, "Carlos, como siempre con tus ideas absurdas", ante ella él no tenía ninguna autoridad, parecía niño frágil. Eso me decepcionó mucho de él, sentía que era un fraude y no era todo lo que pensaban de él, mi papá nunca le puso un límite a mi mamá y yo crecí muy enojada con él y con la actitud de mi mamá.

Elisa veía a su papá respetable y fuerte en la escuela, pero descalificado y devorado en su autoridad por su mamá. Esta incongruencia la hizo crecer sintiendo que los hombres eran un fraude y no podía confiar en su congruencia.

Otra experiencia muy dolorosa para una niña es la traición de su padre por infidelidad a su madre. Cuando te enteras que esto pasa, o tu mamá se queja contigo y la ves sufrir, ese dolor de traición no tiene nada que ver contigo, porque es una traición a tu madre y al acuerdo que ambos tienen de lealtad el uno al otro. Te fusionas de manera inconsciente con él, lo tomas como propio y sientes que te ha traicionado a ti.

Miriam, 30 años
Siempre cargué con la infidelidad de mi padre a mi madre como un dolor profundo. Mi mamá me envenenaba, me hablaba de la mujer con la que andaba mi padre, me decía que nos iba a abandonar por ella y yo me llenaba de miedo, quería hacer todo lo que mi papá decía para que no nos abandonara. Siempre supe quién era su amante porque trabajaba con él y cuando la veía me llenaba de rabia, pero no podía hacer nada porque no quería que mi papá se fuera y que mi mamá sufriera, pero estaba llena enojo porque mi padre estaba con esa mujer y, al mismo tiempo, de miedo porque nos dejara por la otra.

Miriam vivió la traición de su padre como propia porque su madre le transmitió toda su frustración desde la ignorancia y el dolor a una niña que no estaba capacitada para procesar sentimientos ajenos. La educó en los celos y el miedo al abandono. Y por mucho tiempo esta experiencia la condicionó para vivir con un terrible miedo a la traición y al abandono de los hombres con los que entablaba cualquier relación.

Con un papá alcohólico también es muy probable vivir la traición porque puede pasar cualquier cosa, por un momento está sobrio y todo camina normal, pero en cuanto se embriaga empieza la locura, la agresividad, los abusos, o las actitudes compulsivas —llorar, enojarse, gritar, bailar—, en fin, y ese contexto tan poco estable y seguro quiebra la confianza de la niña. Los padres alcohólicos suelen hacer siempre la promesa de que ya no van a tomar y casi nunca cumplen su palabra.

Todas estas experiencias y muchas más donde la confianza se rompió, que de niña no sabes procesar, asimilar, expresar y acomodar, se convierten en defensas para protegerte de las experiencias que te duelen y no entiendes. Las actitudes que aprendes son miedo, desconfianza, agresividad, descontrol, intolerancia, ansiedad y muchas otras. Todas ellas las desarrollaste de niña pues eran tu única manera de defenderte y sobrevivir. Sin embargo, conforme crecemos debemos aprender maneras de cambiar esas actitudes porque conservarlas nos impediría relacionarnos con nosotros y los otros de manera íntima y auténtica ya que son como una armadura.

Fernanda, 40 años

Mi padre era alcohólico. Cuando estaba sobrio era una persona normal, trabajaba, cumplía, y hasta callado y serio se mostraba. Pero cuando tomaba era horrible, empezaba a hacerse el chistoso para que todos se rieran de él. A mí me avergonzaba muchísimo. Ir a una fiesta con él significaba angustiarme por que tomara e hiciera sus payasadas. Todo el tiempo yo estaba al pendiente de cuántas se tomaba, de cómo caminaba, de lo que decía. Así crecí, estresada todo el tiempo y alerta de que no le pasara nada a mi papá. Ahora que han pasado tantos años no puedo dejar de hacerlo. Sigo siempre alerta y estresada por todo, quiero controlarlo todo, siempre estoy a la defensiva. Cuando mi esposo se toma más de dos copas, yo estoy que no me aguanto de la angustia. Así controlo todo, estoy cansada de mi actitud y las personas que me quieren también.

Desaprender ciertas formas de estar en el mundo que aprendimos de nuestra infancia es todo un reto, pero sí es posible. Todas aquellas actitudes que ayudaron a adaptarte a esa circunstancia y fueron útiles para ti en su momento, una vez que nos hacemos adultos y la realidad es otra, deben flexibilizarse para relacionarnos mejor con todas las personas y con nosotros mismos. Analicemos a fondo estas formas aprendidas.

Las cinco defensas de la mujer con herida de traición del Padre

1. Controladora
2. Impaciente
3. Intolerante
4. Utiliza la mente para controlar
5. Miente, manipula y seduce

1. Necesidad de control

Como dijimos, el entorno de la niña que vivió la traición es muy inestable y muy poco confiable, de tal manera que desarrolla maneras de actuar para que su entorno sea lo más predecible y estructurado posible. Asumirá responsabilidades que no corresponden a su edad, como trabajar, cuidar de sus hermanos, ser muy responsable en sus estudios, responsabilizarse de los padres, para tener el control de las cosas.

Este control es una manera de sujetarse y contenerse en la vida, o de protegerse y evitar el dolor, ya que carece de una estructura familiar que la contenga. Por eso la adulta desarrolla una gran habilidad para estar alerta al entorno, pensando en lo que vendrá y controlando para prevenir lo que pasará, sin tener la capacidad de vivir en el presente con paz.

El control por medio de las expectativas

Las expectativas disfuncionales hacen que veas a las personas o las situaciones como esperas que sean y no como son, imponiendo expectativas que si no se cumplen te hacen sentir traicionada y sin posibilidades de apreciar lo positivo que tengan. Todos podemos —y quizá debemos— esperar que las cosas o las personas sean de una forma, pero cuando te aferras, cuando tus expectativas son rígidas o muy altas, hay una gran probabilidad de quedar decepcionada. Cuando son rígidas, no puede pasar algo diferente y no eres capaz de ver que una situación problemática también tiene cosas buenas.

Desde el control, para ti las cosas y las personas son como las ves, con base en tu expectativa impuesta y no como son. Por eso cuando te das cuenta y la realidad aparece te decepcionas mucho, te sientes traicionada y no entiendes que fuiste tú quien impuso una realidad a la circunstancia o a la persona.

Éste es un juego psicológico, o sea, una forma de relación que repite las mismas realidades de forma inconsciente. Si siempre tengo altas expectativas no estoy en el aquí y el ahora, veo lo que quiero y, por lo tanto, terminaré decepcionada porque mis formas inconscientes confirman que nadie es confiable.

La necesidad de control es muy desgastante, limita tu crecimiento porque te pone ante la angustia constante de estar alerta, interpretar, ver si te mienten, manipular el entorno para que esté bajo tu control. Le quita espontaneidad a la vida y la capacidad de sorprenderte; y a ti te quita libertad de ser y te aleja del presente. ¿Que has hecho para que las cosas sean como tú quieres? ¿Cuántas veces has dejado de ver lo bueno en alguien sólo porque no es lo que esperabas? ¿Cuántas veces las expectativas te alejan de la gente y, en consecuencia, te sientes decepcionada? Detrás del control hay mucho miedo, una sensación permanente de inseguridad y de no saber confiar en nada ni en nadie.

Miranda, 34 años

Cuando tenía diez años mis papás se divorciaron y simplemente se olvidaron de que tenían una hija. A esa edad tuve que hacerme cargo de mí. Defenderme tan chiquita fue algo muy duro. Recuerdo que sólo tenía una meta: crecer para salirme de mi casa y ganar dinero para ser autosuficiente. No sé cómo le hice, pero terminé la carrera con muchos esfuerzos y muy sola siempre. Hoy soy muy exitosa en mi trabajo, soy muy autosuficiente, nunca pido ayuda a nadie, gano mi dinero, en pocas palabras, "no necesito de nadie". Sin embargo, me he alejado de las personas. No logro establecer ninguna relación afectiva porque simplemente no confío en nadie. Tengo miedo de todo y cada vez siento que mi vida pierde el sentido. Estoy tan cansada de defenderme que anhelo recuperar la confianza y poder confiar en alguien.

Hoy Miranda vive un proceso en el que entiende que es libre de elegir en quién confiar. Mira con más claridad sus necesidades afectivas y desarrolla habilidades para relacionarse y crear vínculos más conscientes. Sin embargo, en este proceso ha vivido momentos de desesperación y deseos de regresar a su posición defensiva, ya que algunas veces siente incertidumbre y pérdida de control. Regresar a la congeladora —como ella misma la llama— es seguro pero el precio es muy alto.

Todos tenemos derecho a tener expectativas, no obstante, cuando las vives desde el control rígido no te das cuenta de que los demás no tienen el mismo ritmo que tú o están pensando lo mismo y en tu afán de que las cosas sean como dices puedes anular al otro, ignorando su necesidad, descalificándolo, etcétera. En nuestro intento de controlarlo todo atropellamos a los demás. Recuerda que la vida tiene cientos de variables que no dependen de nosotras, y querer controlarlo todo es simplemente imposible y agotador.

Cuando desarrollas esta actitud de defensa, uno de los hábitos más arraigados es sentir que tú estás bien y los demás mal. Te cuesta asumir tu responsabilidad, tus errores, saber que no siempre tienes la razón. No te gusta aceptar que te equivocas y te da mucho miedo ser vulnerable y reconocer que estás en un error. A veces, en ese afán de tener la razón, estás dispuesta a maquillar cualquier cosa con tal de no reconocer que te equivocaste, pues reconocerlo es ser vulnerable, lo cual te sume en el dolor del recuerdo infantil.

En esta herida puedes vivir el síndrome de evasión del conflicto, que es un miedo enorme a enfrentar las cosas como son, sobre todo si traen conflictos. La primera reacción ante esto es negarlo, evitarlo, postergarlo con tal de no enfrentarlo y asumir tu responsabilidad. El conflicto, el dolor y la mentira son situaciones que no quieres vivir, por eso controlas pero tu control al final te lleva a ellos. En suma, cuando el propio proceso de vivir te trae un conflicto, te asustas, te enojas, te sales de control, te sientes como niña rebasada y te mientes evadiendo el conflicto.

El síndrome de evasión del conflicto es como guardar en un cajón basura y mugre que en algún momento llegará a un tope, se desbordará, se pudrirá y saldrá de manera muy violenta ensuciando todo. Los conflictos son parte de la vida; una vida sin conflictos es altamente sospechosa. La única forma de no tener conflictos es desconectarte e intentar tener todo *neuróticamente* bajo control para que en apariencia nada te lastime, pero padeciendo una gastritis marca Acme por todo lo frustrante y estresante que inconscientemente quieres mitigar.

Solemos relacionar el conflicto actual con el conflicto de la infancia. Pregúntate: ¿cómo vivías el conflicto en tu infancia?, ¿cómo enfrentaban tus padres los conflictos? Es probable que haya que trabajar con la idea-raíz, la que imprimió tus conflictos originales, y cambiarla por una idea más real del conflicto, verla como un camino para aprender habilidades. Aprender sin negar. Hay que aprender a reconocerlo, hablarlo, limpiarlo, ser vulnerable y trascenderlo.

Cuando estamos inmersas en alguna situación incómoda es importante observar si tenemos necesidad de negarla o evadirla.

Algunas de estas preguntas te ayudarán a observar si es así:

- ¿Cuando te molesta algo de alguien no sabes decírselo?
- ¿Te cuesta trabajo decir no?
- ¿Te cuesta poner límites?
- ¿Siempre quieres que las cosas sean perfectas?
- ¿Cuando hay un problema tardas mucho tiempo en hablarlo?
- ¿Eres conciliador y capaz de ceder con tal de no generar conflicto?
- ¿Cuándo algo sale mal y hay conflicto sientes que lo hiciste mal y te reprochas?

Evadir el conflicto también es una actitud arrogante, es como decir: "Yo no tengo problemas" o "Yo estoy bien y nada me conflictua".

Poner expectativas en todo, no saber enfrentar el conflicto, no querer reconocer que no siempre tienes la razón y tener todo bajo control, son hábitos que te llenan de enojo y frustración. O bien, te colocan en una posición de exigecia con todos —pareja, empleados, hijos, etcétera— porque para ti todos tienen una etiqueta de lo que son o deben ser, y si no se cumple te sientes enojada, decepcionada o, una vez más, traicionada.

Hay muchas maneras en las que controlamos, por eso cada una debe preguntarse hoy: ¿Cómo controlo a los que quiero? Mediante la ayuda incondicional, la capacidad de escuchar, de estar pendiente, de hacerte presente, de resolver sus problemas, de darle lo que necesita, o de plano organizarle la vida (hay muchas maneras "sutiles" de control).

Los hombres de la mujer controladora

Los hombres que como imán llegan a tu vida generalmente son de dos tipos: frágiles o controladores. Hombres frágiles con madres controladoras que desarrollaron una necesidad de que les digan lo que deben hacer, frágiles para tomar sus propias decisiones, sumisos, complacientes, sin iniciativa, con miedo al conflicto, dependientes, anulados. O del tipo controladores, no son vulnerables sino más bien arrogantes, competitivos, extrovertidos, seductores, magnéticos, con miedo al compromiso, tienen éxito con las mujeres, dominantes y egocéntricos.

Cuando tienes una relación con un hombre controlador la dinámica es muy intensa, ambos luchan por tener el dominio de la relación, suelen ser competitivos y desconfiados uno del otro. Manipulan para que las cosas sean como cada quien dice. Ambos son muy temperamentales y en momentos de discusión pierden el control. Suelen ser buenos amantes, pero la relación es muy angustiante para los dos y el miedo a la traición está latente. Quieren tener la razón y las discusiones son interminables por los argumentos de ambos. Les cuesta reconocer que no tienen la razón y cuando discuten, compiten, no saben ser vulnerables ni pedir perdón. Su mayor error es no saber escuchar y reconocer sus errores. El riesgo y el reto es que eliminen su arrogancia y puedan en verdad comunicarse y no luchar por tener la razón.

Si te preguntas si la relación con alguien controlador puede funcionar, mi respuesta es sí. Es una buena combinación mientras haya humildad para aprender a ser vulnerables, a confiar uno en el otro y aprovechar las fuerzas de ambos sin que una de las partes se sienta amenazada. Hay que cuidar la competencia, evitar la comunicación si están enojados porque la batalla será desgastante y desde el principio estará perdida. Es bueno renunciar a querer tener la razón todo el tiempo y respetar el espacio del otro. Como verás, es un reto que te enseñará a trabajar con tu paciencia y tolerancia.

Cuando tienes una relación con un hombre que necesita ser controlado, la relación suele parecer muy funcional ya que a ti te gusta organizar vidas y él está acostumbrado a que se la organicen (quizá por la experiencia con su madre), pero eso no quiere decir que sea funcional. El hombre que fue controlado por su madre desarrolla sentimientos de frustración y enojo inconscientes hacia su madre controladora, ya que lo anuló. Este enojo a nivel inconsciente puede proyectarlo en ti pues sigues diciéndole cómo, cuándo y de qué forma tiene que hacer o ser. Nadie vive feliz ni controlando ni siendo controlado. La experiencia final es que tú empiezas a desvalorizarlo y perderle respeto y él empieza a enojarse mucho contigo por el control que lo limita.

Las relaciones de control y dependencia impiden el crecimiento de quienes están en ese juego y producen mucho enojo y frustración. Para que tu relación funcione debes soltar la responsabilidad de la vida de él y hacerte cargo de tus compulsiones y miedos; él debe dejar de buscar mamá y hacerse cargo de sus responsabilidades y dejar pasar poco a poco. Ambos están juntos en este juego y no hay víctima ni victimario, hay necesidad y falta de adultez.

Verónica, 32 años

Mi madre siempre fue muy controladora con mi papá. Ella llevaba las riendas de todo lo que pasaba en la casa. Mi papá trabajaba como loco y ella siempre administraba su dinero. Ella nos regañaba y él nunca decía nada. Ella siempre lo trataba mal, lo ofendía, lo hacía sentir menos, pero él nunca la enfrentaba, nunca le decía nada, siempre nos pedía que la entendiéramos, su frase era "En alguien debe haber cordura", aunque mi mamá era de verdad injusta. Un buen día mi papá se enamoró de una mujer con la que trabajaba y se fue de la casa. Nosotras ya estábamos grandes. Habló con mis hermanas y conmigo y se fue. Lo único que le dijo a mamá fue "¡Ya no te soporto!" Mi mamá no lo podía creer. Para ella, él era el incondicional, el que le soportaba todo, el de la cordura. Nunca lo había visto así. Lo sentía tan seguro, lo daba por hecho y lo veía tan poca cosa que cuando él se fue ella quedó destrozada y llena de frustración.

Éste es un ejemplo de venganza. Como el papá de Verónica nunca sacó su enojo ni le puso un límite a su esposa, se convirtió en una olla exprés sin capacidad para "despresurizar", o sea, sacar, limpiar, poner límites y continuar. Así que toma el pretexto de esa nueva relación y se va. Este tipo de comportamiento puede sucederle a una persona aparentemente frágil que se queda callada cuando la ofendes, o a alguien que es complaciente y no crea conflictos. Esa olla exprés puede explotar en cualquier momento si no aprende a poner límites y expresar lo que no le gusta.

¿Quién controla a quién? ¿El hombre que se ve frágil y manipulable es controlado por ti? ¿Controla él a ella o ella a él? La verdad es que ambos se controlan. En ella es evidente pero él también lo hace por debajo del agua, dando espacio para que ella se pierda en él, para que él sea su centro de atención, para que ella haga lo que él necesita. Así es como él la controla, el frágil es también un gran manipulador.

El control que ejercemos para evitar el dolor es justamente el que lo atrae. Ése es el juego inconsciente: lo que tanto te da miedo vivir a través del control lo recreas. Si te da miedo que tu pareja te engañe, ¿de verdad crees que al controlarlo lo evitarás? A veces es peor, después de tanto control con sólo un poco de libertad terminan traicionándote. Con tu inseguridad, tu manera de sofocarlo, de hacerte indispensable, de querer manipular amigos, lugares, decisiones, la manera de ver la vida, su Facebook, ¿quién no va a querer buscarse otra?

Como verás, la herida de traición y la de abandono son primas hermanas. En la herida de traición controlamos para no ser traicionadas. En la herida de abandono controlamos para no ser abandonadas y ambas terminan haciendo que los dolores se repitan una y otra vez en nuestras vidas.

Impaciente

La impaciencia está relacionada con la guerra interna, con la angustia, el enojo, el estrés y la intolerancia. Cuando somos pacientes, tenemos fe y esperanza de que las cosas sucederán; cuando somos impacientes no hay fe ni esperanza, dudamos y queremos todo rápido porque no tenemos confianza en que mañana eso sucederá. ¡No sé lo que quiero pero lo quiero ahora!

Cuando somos niñas queremos las cosas ahora, rápido, no sabemos esperar, no tenemos tolerancia a la frustración, no queremos esperar a construirlo o trabajar pacientemente por él. Esta actitud debería ir madurando con los años hasta llegar a ser adultas y tener la claridad de que podemos esperar, tener paciencia porque podemos construir lo que queremos con constancia.

Pero al no desarrollar confianza no sabemos esperar, somos impacientes y nos cuesta confiar en que las cosas vendrán. Tienes que comprarte lo que te gustó *ahora*, decir lo que piensas y sientes de forma impulsiva *ahora*. Nada de esperar, ir al lugar que quieres *ya*, hablar con la persona *ya*, hacer eso que estás pensando *ya*, aunque muchas veces no sea el momento de hacerlo. Es muy común querer que tu esposo o los otros hagan lo que les estás diciendo al momento, "Porque lo necesito *ahorita*, no cuando ellos puedan". Es como si tuvieras a una niña con poder, berrinchuda, caprichosa, que no sabe esperar y hace cualquier cosa para que todos hagan lo que ella quiera *ahora*.

La impaciencia es un estado de mucha angustia donde no hay paz, hay mucho enojo, mucha desesperación y aceleración. La persona impaciente siempre tiene mil cosas en la cabeza, quiere abarcar todo. Pero recuerda: estar en constante acelere te lleva a ser intolerante y a vivir en desesperación.

Elvira, 35 años

Cuando mi esposo y yo salimos de fin de semana yo soy la más estresada. Si él maneja, voy muy alerta de que no nos pasemos, que si la vuelta aquí, que si se pega a los autos, que si maneja muy fuerte, todo el tiempo quiero controlar su forma de manejar. Maneja pésimo, voy tensa en la carretera y siempre se va durmiendo. No puedo estar en paz mientras él maneja y simplemente disfrutar el paisaje.

Ésta es una típica reacción. Cuando la mujer controladora no es la que maneja, opta por dirigir la situación, "¡date vuelta aquí!",

"¡frena!", "¡te vas por la peor ruta!", "¡manejas pésimo!" En el caso de Elvira, quién sabe si de verdad su esposo maneja tan mal como ella cuenta, pero ¿quién no manejaría mal con una vigilante en acción diciendo todo lo que haces mal? Aunque parece mentira, ésta es una típica actitud de la falta de confianza que vive una persona controladora.

Impacientarnos sólo nos genera más enojo y frustración. Es un fuerte veneno para ti y para otros porque siembra sentimientos de enojo y de incapacidad y sufres las descargas de la impaciencia. Pregúntate en qué sueles ser impaciente con tus hijos, con tu pareja o con las personas cercanas —compañeros de trabajo, padres—, hazte consciente de esto y observa los mensajes que mandas a tu alrededor con tu impaciencia. Hay un ritmo acelerado constante que no te permite vivir en paz y permitir a los demás ir a su ritmo.

Intolerancia

La intolerancia es prima hermana de la impaciencia. La diferencia es que la impaciencia nace de la falta de paz interna y seguridad y la intolerancia nace de la falta de respeto a los derechos de los demás. La impaciencia es una posición de guerra y no paz en ti y la intolerancia es una guerra con el otro.

La intolerancia es no aceptar al otro tal cual es, enojarte con su manera de ser, de elegir, de pensar, porque no es lo que tú necesitas que sea o la fantasía que has creado de él. Las expectativas que pones son tan grandes que idealizas a las personas y después, cuando muestran lo que de verdad son, te desilusionan y te defraudan, pero ¿ellos te dijeron que eran así?

Tenemos expectativas porque no sabemos tolerar al otro como es. Pensamos que es mejor nuestro mundo de fantasía, donde todo está bajo control, que ver las cosas como son, pues implica confrontarse con un mundo de imperfecciones. Desarrollar tolerancia es saber respetar y querer al otro con su fragilidad, su dolor, con todo lo bueno y malo.

Las personas pueden elegir ser o hacer las cosas diferentes de como pensamos que deben ser, y eso está bien. En la tolerancia hay riqueza. Nadie tiene la fórmula de cómo deben ser las cosas; lo que es bueno para ti quizá no lo sea para otro. Todos necesitamos experiencias distintas, y esto está bien. Si no tenemos tolerancia, no sabremos respetar la forma, el ritmo y la visión del otro, lo que provoca que nuestros vínculos se afecten porque queremos hacer que el otro piense, siente y haga como yo creo que debe ser. Finalmente, esto termina lastimando a los demás porque se sienten rechazados o descalificados.

La intolerancia y la impaciencia te cargan de enojo contigo misma, con las personas, con las circunstancias. Si no, pregúntale a tu estómago, qué tal esa gastritis, colitis, y todas las *itis* que hablan de tu enojo contante, que se va contra ti. Toda esta necesidad de que las cosas sean como dices, de ir de prisa y controlar hacen que el enojo esté muy presente en ti.

Mente rápida

Por las experiencias de la infancia, la mente —como una forma de sobrevivencia— se habituó a estar alerta, a interpretar y pensar rápido como parte de las estrategias de autoprotección. Este don puede convertirse en un elemento en tu contra, principalmente cuando te haces tan hábil para interpretar que después piensas que siempre tienes razón, que tienes las ideas más claras o la verdad de lo que los otros necesitan, de lo que va a pasar, de lo que los otros son. Es común para mí escuchar de las mujeres controladoras que van a mi consultorio la idea de "rara vez me equivoco en lo que creo", como una tendencia de sobrevivencia.

Esta actitud arrogante y fantasiosa, en la que sientes que siempre tienes la razón, que tú eres mejor que nadie y tienes actitudes descalificadoras, sólo esconde enojo y desesperación. Eres de las que miras al otro y dices, ¿qué, esto no es obvio?, y mandas tus cargas de incapacidad al otro como diciéndole "¿no se te ocurrió?"; eso demuestra al otro que tú haces mejor las cosas con una actitud arrogante de "A ver, quítate, mejor lo hago yo".

La intolerancia es una manera de agresión al otro porque es una descalificación y una forma de decirle no haces bien las cosas. Esta actitud daña el autoconcepto del otro. Si lo haces con tus hijos, sembrarás sentimientos de inferioridad e incapacidad en ellos.

La intolerancia también es vivir muy desesperado con las personas, porque no hacen lo que debe ser según tú, o bien, no van a tu ritmo. La intolerancia es sentirte superior a los demás e imponer tu manera de ver el mundo. Si tienes herida de traición, eres muy capaz, hábil mentalmente, buena organizadora y por eso te desespera cuando el mundo no funciona así. Pero debes estar consciente de que eso no es posible, cada quien tiene su ritmo y su forma. No olvides que aunque desarrollaste esta actitud para sobrevivir no es obligatorio para todos.

Utiliza la mente para controlar

Una mente adicta a pensar mal puede ser muy destructiva y convertirse en tu peor enemiga. La persona que sufre herida de traición ha desarrollado una mente muy hábil que interpreta, duda, hace conjeturas, crea los peores escenarios, enjuicia, descalifica, ve más allá de todo y no para. Todos estos hábitos de tu mente fueron recursos de sobrevivencia en tu infancia, que usabas para protegerte cuando eras niña, o defenderte en alguna experiencia dolorosa del pasado. Estar alerta al entorno es como desarrollar cualidades de guerra, pensando mal, defendiéndote, atacando para muchas cosas —como para ser buena previsora o tomar decisiones estratégicas—; es buena herramienta, pero para otras, como confiar y soltar es demasiado destructiva.

Si somos muy racionales y nuestra mente nunca para, solemos disminuir nuestra capacidad emocional y todo lo queremos procesar entendiéndolo. Sentir tu dolor, enojo, decepción, soledad, es perder el control y sentirte amenazada. Seguro que ir a la cabeza fue un recurso que te ayudó a entender y acomodar lo que pasó y a tolerar el dolor que no sabías cómo acomodar, casi una manera de protección. Pero hoy tu mente está fuera de control muchas veces creando pensamientos negativos que ya no te hacen bien.

Probablemente, desarrollaste un hábito de querer entender, interpretar, estructurar y llevarlo mejor a tu entendimiento para no sentirlo, porque quizá dolía. Pensar así te hace una líder hábil, tener gente a tu cargo, ser exitosa en el trabajo, pero a la hora de lo íntimo, lo humano, de sentir y expresar, esto se vuelve más complicado. Por momentos sentir es experimentar un *yo* emocional inmaduro y con miedo, con impulsos descontrolados y que se siente amenazado al sentir.

Julieta, 37 años

Soy directora de una empresa y siempre me he sentido muy capaz. En mi trabajo soy segura, fuerte, sé lo que quiero, sé dar órdenes y todos me obedecen, pongo límites y suelo ser muy dura si me lo propongo. En general, soy muy exitosa en lo que hago. Toda mi vida en el trabajo me he sentido clara y fuerte, es mi lugar seguro y donde me gusta lo que soy. Pero en mis relaciones sentimentales todo se viene abajo. Cuando tengo una relación de pareja empiezo a ser desconfiada, a querer controlar, a dudar de lo que me dice. Soy celosa y dominante, sale una parte de mí muy básica. Vivo una angustia tal que prefiero estar sola, porque sentir la ansiedad de no tener el control del otro, de que me mienta, de que me abandone o me engañe, es tan fuerte que prefiero estar sola.

Es tus relaciones afectivas, en las situaciones de vulnerabilidad se despiertan los viejos demonios porque es el área de la niña, de la parte emocional madura o inmadura, la que eres, y se cae la máscara de ser estratega, fuerte y tener todo bajo control.

Nuestro cuerpo emocional madura expresando y conectando emociones desde tu yo adulto, o sea, sentir el dolor consciente de tus miedos, de tus impactos en los otros, de tus decisiones, de tus incapacidades. Sentir el dolor consciente es identificar todo lo que te duele, es sentir lo que limita tu parte con carencias. El dolor consciente es un dolor que se vive, se siente y cambia las realidades, alejándote del sentimiento de víctima y activando la consciencia y la responsabilidad.

Mentalmente comprendes muchas cosas pero en el terreno emocional el ritmo es otro. La mente va mucho más rápido que la emoción. Cuando tienes reacciones impulsivas que son irracionales, es tu niña herida diciendo "Hola, aquí estoy, no me he ido y sigo teniendo necesidades y hambres no resueltas". Sabemos que es muy confrontante ser fuerte, exitosa, decidida, líder, segura de ti misma, la que sabe lo que quiere en el trabajo, consejera, ver claramente lo que todos tienen que hacer y cuándo te toca a ti vivirlo, ser tan básica y fuera de control que te enojas contigo por no poder vivirlo como lo entiendes.

Cuando dedicamos mucho tiempo a lo laboral y lo mental corremos el riesgo de abandonar la parte de la niña o la parte emocional, e ignorar esta parte vulnerable la lleva al inconsciente, que toma más fuerza y poder. Abandonas a la niña cuando niegas tus emociones, tu decepción y tu tristeza; niegas tu vulnerabilidad y tu necesidad de amor; eres dura y te enojas contigo misma por necesitar; te mides con los demás para ser siempre la mejor; te haces más la mujer de hierro. Tu niña interna de seguro está muy enojada porque tiene mucho tiempo que no la miras sometiéndola a lo que entiendes y no escuchas sus necesidades afectivas, entonces ella es la que por momentos te boicotea.

Ésta es una manera de explicarlo simbólicamente, pero esta lucha es real, la imagen que te has construido de ti misma como la fuerte, la impenetrable, te hace estar peleada con tu "niña herida" y no querer tocar ese dolor. Ver esa parte de ti que también eres y no descalifica a tu "yo fuerte" es fundamental. Eres ambas, sólo que a una sí la miras y a la otra la niegas, entonces se hace presente de manera abrupta, con emociones descontroladas.

La mente que se acostumbró a malinterpretar, a tomarse las cosas personales, a enjuiciar, a descalificar, crea un estado de desconfianza y defensa, que en momentos está fuera de lugar, porque imagina y fantasea, o bien, en ocasiones no tiene que ver con la realidad. No deberíamos pensar siempre que las personas hacen las cosas para dañarnos, no es sano tomarse las cosas personales, el otro tiene sus incapacidades.

Generalmente las personas que nos rodean no hacen mejor las cosas porque no les alcanza, no tienen capacidad, no porque no quieran. Ver los actos ajenos desde una visión defensiva llena de miedo y desconfianza te llena de defensas porque tu mente está habituada a lo negativo, a la crítica. No pensar mal siempre te hace acertar. En las relaciones sentimentales pensar mal te aleja de la posibilidad de confiar y vivir en paz.

La mayoría de las personas no se imagina todo lo que pasa por su mente. Generan ideas catastróficas y pensamientos negativos automáticamente, como un hábito. Haz un ejercicio de atención a tus pensamientos y verás qué tanto tu mente crea este tipo de pensamientos.

Maribel, 30 años

Cada que pongo atención a mis pensamientos veo que estoy criticándome o que traigo una idea de enojo con alguien. En mi trabajo hay mucha grilla, tienes que estar a la defensiva todo el tiempo. La otra vez una compañera con la que tengo conflictos convocó a junta a todos los de mi departamento y a mí no me avisó. Toda la semana no me pude quitar el tema de la cabeza, sentía que la odiaba, pensaba en todo lo que de seguro hablaba de mí, en cómo me vengaría, bueno, hasta me costaba dormir por pensar en ella. No la solté en toda la semana hasta que me puse un alto a mí misma y me di cuenta de lo malhumorada y negativa que me dejaron esos pensamientos.

La clave está en darnos cuenta de que estamos alimentando nuestra mente. En ese momento tenemos la oportunidad de decidir si seguimos acumulando esa basura o pensamos algo que nos nutra y dé esperanza.

El hábito de interpretar los actos y jugar a ser Freud todo el tiempo no está nada bien, con esa mente pensamos: "Si no llego a tiempo quiere decir que…" "Si no me contesta el teléfono es porque…" "No me dice que me ama porque no sabe, pero en realidad sí me ama." Este hábito de control puede hacer que te equivoques y fantasear interpretando una realidad que no existe aquí y ahora.

Tales formas de manejar la mente fueron una opción para manejar lo que sentías, para acomodar el dolor que no entendías, para colocarte en la realidad que vivías y entenderlo para dejar de sufrirlo y seguir avanzando. ¿Te das cuenta de cuánto miedo tienes a vivir el dolor, la incertidumbre o la tristeza? Nos quedamos con una idea del dolor y hoy lo evitamos y evadimos a toda costa.

Vivir el dolor no es malo, incluso es necesario. Hoy eres una adulta que puede acompañarse a sí misma, que puede expresar lo que siente, ya que sentir tiene una función fundamental en el proceso de crecimiento. Hablarte a ti misma y preguntarte ¿cómo me hace sentir esto? ¿qué siento ante esta situación?, es la mejor terapia. Escucharás lo que a tu *yo* vulnerable le duele de esa experiencia, aprenderás a conocerte y a ver lo que hay y no lo que piensas que hay.

Si Maribel se preguntara qué le duele de no haber sido convocada a la junta, ella llegaría a respuestas como: "Me duele cuando me excluyen", "Ser rechazada me da tristeza". Si Maribel aceptara su dolor, escuchara a su *yo* vulnerable y se permitiera tocar lo que hay detrás de ese dolor, sabría que no toda su frustración tiene que ver con la compañera de trabajo y que las experiencias cotidianas nos ayudan a conocernos, que si hay dolor en ti, tienes que regalarte un espacio para expresarlo y cerrarlo como adulta. Luego de descargarse consigo misma, decirse la verdad y validar lo que siente, podría dirigirse a la persona que le hizo daño y, en un tono mucho más relajado, preguntarle: "¿Quiero saber por qué no fui parte de la junta que convocaste?" Quizá la respuesta sea muy diferente a lo que pensaba y expresarlo ayudará a descargar. Pero si Maribel se queda con esto, si nunca lo aclara y lo habla, su mente se queda enganchada ahí, lo cual provoca conflictos interminables y muchas malas interpretaciones y resentimientos, porque nunca tuvo el valor de aclarar con mayor adultez.

Dejarte sentir es una oportunidad para que un acto pierda importancia en la mente y se descargue lo que sientes. Pensar una y ota vez en una situación es un intento de acomodar las cosas, pero cuando lo sentimos le quitamos fuerza al acto porque la emoción que despertó es descargada. Las emociones son energía en nuestro cuerpo. El enojo es una gran carga de energía que nos invita a movernos. Si no descargas esa energía, serás una olla exprés emocional y cualquier cosa te sacará de control. Sentirlo con conciencia es expresarlo, aceptarlo y liberarlo, eso posibilita madurar emocionalmente.

La mente nos pone muchas trampas. Si no eres consciente de hacia dónde te lleva, no puedes dirigirla hacia dónde quieres ir. Vigila tus pensamientos, si tuvieras un poco de atención verías a dónde suelen llevarte, que están habituados a irse al juicio, a la manipulación, hacia la víctima, a la defensa, a la descalificación, y sabrás cómo estos pensamientos te hacen creer que tienes que defenderte del entorno y controlarlo.

La mente construye las realidades que vivimos. Todo se inicia en la mente, si no eres consciente de cuál es el hábito de tu mente, entonces no hay autogobierno de qué y cómo quieres vivir.

Los celos

En la herida de traición y abandono están muy presentes los celos. Los celos pueden ser una experiencia muy traumática en la persona. Son el gobierno de la niña herida. Nacen de la herida primaria y se viven como un peligro o en la fantasía de repetir el dolor primario de ser abandonadas o traicionadas, por lo que la niña herida toma el control de la situación haciendo berrinches o cosas fuera del control de la adulta.

¿Qué te dicen tus celos? No me abandones, no me digas que no soy valiosa, que hay alguien mejor que yo, que me vas a traicionar, que no me quieres, que no soy suficiente para ti, que al final no merezco que te comprometas conmigo y me valores lo suficiente para merecer tu lealtad...

Las heridas del alma generan un miedo muy fuerte de ser abandonada o traicionada. Incluso es un dolor corporal que se siente en el pecho o el estómago o en alguna parte de tu cuerpo donde se quede esta memoria de manera significativa. Mientras menos consciente sea ese dolor, más grandes serán tus celos. Los celos son gritos desesperados de la niña fantaseando repetir el dolor del pasado. Conforme tus heridas van sanando, los celos disminuyen. Sentir celos habla del nivel de dolor de tu herida, del enorme miedo de repetir la misma historia: "Tengo celos porque tengo la idea que soy poca cosa para ti y me vas a cambiar por alguien", "porque hay alguien más bonita que yo, más inteligente que yo, y eso me hace dudar de mi valía y mi propia belleza".

Los celos pueden ser noches oscuras del alma, momentos de un vacío en el estómago, y taquicardia; sientes una presión en el pecho y una angustia muy profunda; rabia, ira, como si estuvieras en peligro de muerte. Esos sentimientos son la expresión de la herida primaria y la necesidad de sanar y dejar de alimentar estas emociones tan desgastantes que te bajan la autoestima y te llenan de inseguridad.

Percibe qué pasa con tus celos, ¿cuando los sientes qué haces? Te enojas, lloras, gritas, quieres matar al otro o a la otra, te paralizas, te asustas, te guardas, sales a buscar venganza con otros… ¿Cuál es tu reacción? Primero necesitas conocer y observar cuándo empiezas a sentirlos. Siente tu miedo y quédate en un diálogo interno amoroso con tu miedo y tu dolor. Reconoce amorosamente lo que estás sintiendo y dale confianza y seguridad de que pase lo que pase siempre vas a estar con ella para acompañarla. Dile que ella es hermosa y valiosa, que no hay nadie igual, que puede haber mujeres más bonitas, pero eso no le quita su valor, que puede estar en paz porque valoras lo que ella es y eso es lo más importante, que nunca la abandonarás y puede estar en paz.

Perla, 35 años

Me siento muy mal. Ayer por la noche llegó mi esposo tarde. No me contestaba el celular. Le hice muchísimas llamadas y nada.

Él suele llegar entre las 8 o 9 y ya eran las 10:30 y no llegaba, así que salí a buscarlo. Fui a su empresa, pregunté a qué hora salió y había salido desde las 5:00. Me fui manejando como loca al departamento, casi choco de lo rápido que iba. En mi mente pasaban todas las imágenes más negativas que te puedas imaginar, principalmente infidelidad. Podía sentir con mucha veracidad que era real todo lo que pasaba por mi mente. Yo estaba llorando destrozada. Con mi bebé en el auto llegué a casa y él no había regresado. Rompí una de sus camisas, aventé sus zapatos y lloré con mucho dolor. Hice mi propio infierno y cuando por fin llegó, lo miré destrozada. Él se asustó mucho de todo lo que hice, me preguntó qué había pasado y yo lo empecé a golpear. Sentía que el estómago, el pecho y mi cuerpo entero se desvanecían. Lloraba como niña con un dolor infinito. Me abrazó y me dijo que me calmara, que él estaba en el hospital porque un trabajador había chocado en la carretera y estaba resolviendo los trámites, que intentó marcarme a mi celular y la llamada no entraba.

Es ese momento no era Perla la adulta, era una niña con un dolor de traición irracional. ¿Te ha pasado algo parecido? El caso de Perla ilustra cómo nuestra mente nos impone las realidades que más tememos. Bien dicen que nuestra peor enemiga puede ser la mente. En ella recreamos nuestros más grandes miedos, nuestro más grande dolor. Perla vivió la traición y el abandono de su padre. Supo que él se fue con otra y vivió un dolor muy profundo que nunca pudo expresar como niña porque cada vez que se tocaba el tema de su papá, la mamá fingía que él no existía. En la familia era un tema imposible de hablar. Ella aprendió a vivir con ese dolor y a ponerle "candado". Sin embargo, en ciertos momentos los dolores emergen y nos recuerdan que hay un trabajo pendiente.

Ella trabajó mucho con todo el dolor del pasado, empezando por expresar en terapia todo lo que no pudo decirle a su padre, todo lo que su madre no le permitió expresar. Mucho del dolor que tenemos bajo "candado" es ése que no pudimos expresar porque no había manera de sacarlo, no había espacio, oído, empatía; lo que había es dolor alrededor. Hay que abrir el candado, no hay otro camino. Abrir la caja de pandora y mirar lo que quedó pendiente.

Los celos descontrolados, que son como el efecto Hulk, que después del trance es como si dijeras "¿qué hice?", "¿por qué dije?", "¿por qué hice ese berrinche?" Son dolores en el alma de la niña interna, se apoderan de ti y puedes sentir a tu niña herida con todo su dolor.

Cuando trabajamos con nuestra niña herida estas actitudes sanan. Son sentimientos que hablan de una necesidad interior, de un miedo; hablan de un asunto que aún no sana desde tu infancia. Son descargas importantes que llevan a la herida que a veces quieres olvidar; que cuesta tanto trabajo ver, pero que está muy presente en nuestra vida.

Todas estas formas de defensa las he descrito en este capítulo para que te identifiques en tu cotidianidad, observes las carencias que hay detrás de estos hábitos y decidas si esas formas de negatividad, intolerancia, impaciencia, celos, ir rápido por la vida, tienen un rostro negativo —que hoy te limita— y, seguramente, otro positivo, porque tendrán también una expresión útil en algunas áreas de tu vida; el tema a resolver es flexibilizarlas y que no tengan vida propia, que tú puedas gobernar estos hábitos y no que ellos te gobiernen a ti y poder dirigirlos a las áreas de tu vida donde aplican perfecto y soltar, no estar en esa dinámica siempre.

Todas y cada una de las defensas que describí tienen una parte positiva que verás con más claridad en el capítulo "Sanando la traición". Por ahora sólo estamos comprendiendo estas defensas desde su expresión disfuncional y todas las actitudes desarrolladas para cubrir esta herida; hoy en tu vida adulta tienen una parte positiva, pero en las relaciones humanas e íntimas se manifiestan de manera negativa, para controlarlas y que no llenen de fantasmas tu cabeza, es fundamental lo que aprenderemos adelante.

Sanar la traición es un camino de paciencia, constancia y, sobre todo, de recuperar la confianza en el amor, la vida, en las personas, es elegir conscientemente en quién confiar y vivir de nuevo la esperanza en lo bueno.

5

Ejercicios de contacto y Tratamiento para sanar a la niña herida

Este capítulo me llena de emoción: una de las mayores fuentes de crecimiento para todos es madurar y hacer crecer a nuestra niña interior, atreverse a ver a tu niña abandonada y cubrir sus necesidades como tu propio *ma-pa* (madre-padre de ti misma). Sé por propia experiencia que trabajar con la niña herida no es fácil, genera miedo, enojo, tristeza, pero trabajar la infancia es ir al origen de muchos de nuestros aprendizajes disfuncionales y sanar en el fondo.

Entiendo que muchas han llegado a este capítulo ya casi desesperadas después de la descripción de capítulos anteriores, donde hablo de todas las actitudes negativas que genera tener una niña interna herida y con ganas de dejar de ser eso que vives con base en tu herida primaria.

Lo que llamamos niña herida es nuestro yo emocional herido, el yo emocional del pasado que vivió experiencias que no pudo desahogar, que se quedó con ideas-raíz basadas en el dolor, la que no cubrió sus hambres, la que dejó temas inconclusos, emociones no maduradas, con ideas disfuncionales acerca de sí misma, como "no soy valiosa o suficiente". Es la memoria de lo que es la vida desde el dolor del pasado, por lo tanto, es irracional y se manifiesta con reacciones sobredimensionadas y fuera de control. Puede estar oculta detrás de la mujer segura, fuerte, dura, berrinchuda, controladora, desprotegida; detrás de la mujer perfecta o de la complaciente, puede ocultaste con rostros que parecen seguros y autosuficientes, y en el fondo es una máscara creada para protegerse del entorno amenazante.

Como verás, quizá esté presente en el ochenta por ciento de tu día, expresándose en la máscara de una adulta con actitudes defensivas y rígidas.

La niña herida no se quedó en el pasado, hoy tiene una voz muy fuerte en todas las relaciones significativas de su vida, sobre todo en nuestras relaciones de pareja donde se activan los botones dolorosos con más fuerza. ¿Te has sentido como niña abandonada? ¿Has sentido que pierdes el control y como niña vives un dolor o una idea irracional? Por momentos con mucha necesidad de seguridad y protección, se siente un vacío en el cuerpo, el pecho o el estómago, el dolor está en la memoria del cuerpo y cuando se activa nos duele una parte del él.

¿Dudas del amor de los demás? ¿Te cuesta trabajo recibir amor? ¿Dudas de ti y te cuesta ser fuerte, capaz y suficiente? ¿Sientes celos desenfrenados y ganas de hacer que el otro sólo te mire a ti, piense en ti y seas su mundo? Llegar a cuidarle la miradas para que sólo te vea a ti. ¿Has observado que haces mucho para ser querida y aceptada? Estas actitudes son la manifestación de la niña herida, una niña presente en todo lo que hacemos.

La niña herida se manifiesta con reacciones fuera de control, dolores sobredimensionados, ideas irracionales respecto a situaciones muy diferentes que traduce desde el mismo dolor de abandono, rechazo, humillación, traición e injusticia. Se siente devaluada, tiene miedo, es frágil o está llena de enojo y de defensa, y cuando tú utilizas la razón para entender lo que pasa, piensas que no debes sentirte así, porque detrás de esas emociones hay ideas irracionales, aprendidas del pasado y que hoy no tienen sentido ni lógica.

Para conocer un poco más sobre cómo se manifiesta la niña herida, vamos a conocerla desde la visión del análisis transaccional, que es una teoría de la personalidad y, en general, un sistema de psicoterapia para el crecimiento y el cambio personal. Esta teoría tiene conceptos muy interesantes para comprender procesos psicológicos complejos y explica la estructura de la personalidad mediante los estados del yo. Su creador es el psiquiatra canadiense Eric Berne y aporta de una manera clara formas de autoconocimiento profundas.

En análisis transaccional trabajamos con los tres estados del yo, que es como se estructura nuestra personalidad. Son sistemas compuestos de pensamientos, sentimientos, actitudes y conductas aprendidas del pasado, de nuestras figuras parentales, nuestras experiencias, ideas heredadas. Los ejemplos de figuras importantes los sentimos como tres voces que nos hablan todo el tiempo y responden ante diferentes circunstancias. Para su comprensión, utilizaremos un diagrama que muestra la estructura de los estados del *yo*.

Diagrama estructural de los estados del yo

Primer círculo: estado del yo padre

Está formado por introyectos, ideas, reglas, mandatos, todo lo que aprendimos de nuestras figuras parentales y ahora forman parte de nosotras. Si tu mamá te decía: "Las mujeres somos las que nos sacrificamos", "todos los hombres son iguales", son ideas que emergen desde la memoria de este estado del yo, ideas que se quedan como parte de los aprendizajes de la vida; pudieron venir de abuelos, maestros y todas las personas que son una autoridad y aprendimos de ellas ideas acerca de la vida.

Yo Padre crítico

Si en nuestra infancia tuvimos figuras de autoridad muy duras, frías, rígidas, padres muy severos, críticos, descalificadores, poco afectivos, de seguro tenemos una voz de yo Padre crítico muy fuerte. Hoy este sistema se manifiesta con ideas de "debo hacer", "tengo que", "no puedo equivocarme". Puede ser severa con nosotras mismas, tener mucha autocrítica. Esta voz es muy importante porque nos estructura y nos permite ordenarnos y cumplir, pero cuando crecimos con muchos "debes de", esa parte puede gobernarnos y ser muy dura, rígida y hacer las cosas sin disfrutar, queriendo ser perfecta o con mucho miedo a equivocarte. Tener un yo Padre crítico interno muy fuerte, es vivir con mucho estrés por hacer las cosa bien y perfectas.

Introyectamos actitudes, hábitos y formas aprendidas, incluso las que no nos gustaron o nos dolieron de nuestros padres o abuelos; o de figuras de autoridad importantes no sólo en la infancia, sino a lo largo de nuestra vida. Seguimos introyectando y actualizando ideas. Reaccionamos o decimos cosas como lo hacían nuestros padres, o esa persona cuya influencia es importante para ti. Llevamos en nuestro interior las ideas que de ellos aprendimos.

En el yo Padre también están las reglas, los principios y los valores que aprendimos de nuestra familia, de la sociedad y la cultura en que vivimos. Muchas de las ideas que aprendimos respecto a la vida, al dinero, al amor, están aquí, en el yo Padre interno. Hacer consciente y actualizar algunas de estas ideas es importante para tu crecimiento porque muchas pueden ser prejuicios de nuestros parientes o de nuestra cultura y no son precisamente útiles, sanas o ciertas.

Padre Nutritivo

Este estado del Yo es una voz paciente, amorosa, nutritiva y que nos dice que somos capaces, que podemos ser pacientes y confiar. Es como una madre ideal interna que nos recuerda que nuestro valor nos da confianza. Es la parte que te dice ¡Lo hiciste muy bien! ¡Me siento orgullosa de ti! ¡Hoy luces espectacular! Aprender a desarrollar una voz de Padre Nutritivo es una forma de darnos amor, validación y protección en cotidiano.

Estado yo adulto

Esta parte de nuestro yo es muy importante, el yo adulto es la voz de la conciencia más lúcida, tiene los racionamientos más claros, está en el aquí y en el ahora, no en el pasado; es objetiva, responsable, consciente de sí misma. Es la que analiza situaciones, anticipa peligros y resuelve problemas desde la conciencia. Es la voz en ti que dice: "Al no poner límites generé que esto pasara", "Observo que cada que me hacen esperar me enojo" o "Sé que me siento abandonada, pero no estoy abandonada, es mi miedo".

Es activa y reconoce su parte de responsabilidad. Es la que nos hace crecer en un proceso de sanación, ya que es la que toma conciencia de lo que pasa a nivel interno con nuestras creencias, miedos o sentimientos y externa con nuestras actitudes, reacciones y la forma de relacionarse con los demás.

No es víctima, no es severa, ni su propia juez, más bien es consciente, entiende de forma profunda por qué reaccionas como lo haces y cómo has llegado adonde estás. Dimensiona bien lo que sucede, es la que entiende, la que sabe. Es la que en un proceso sano gobierna nuestra vida, acompañada de su equipo: el estado de yo Padre y yo Niño.

El yo Adulto se nutre, se fortalece y es fundamental en el proceso de crecimiento y sanación. El yo Adulto resulta de construir la vida que quiero vivir, de enfrentar los retos, de ponerme metas y cumplirlas, de conocerme en mis cualidades y carencias. Es el resultado de vivir con responsabilidad y buscando la congruencia. Es el que voy creando a partir de conocerme de manera consciente. Pero a veces tenemos un yo adulto muy débil o contaminado por los estados del yo Padre y yo Niño, que son más fuertes que él. Para activar tu estado Yo Adulto pregúntate constantemente ¿Qué siento? ¿Qué permití? ¿Cómo generé ésta realidad? ¿Qué necesito de esto?

Yo niño

Como diría Berne, aquí están las reliquias de la propia infancia del individuo. Éste es el estado del *yo* que trabajaremos en este capítulo sobre la sanación de la Niña herida. Se estimula en el presente con situaciones similares a las que vivimos en el pasado de abandono o traición y reacciona volviendo a sentir lo que sentía cuando era niña. Todas nuestras experiencias traumáticas se quedan en este estado del *yo-niño,* como atrapados por momentos en el pasado y en una memoria traumática.

Cuando este estado del yo nos gobierna, vivimos como si todo fuera una representación del teatro primario, de la circunstancia de la infancia: "Ahora no está mi hermana que me controla, pero tengo una jefa que lo hace o una amiga." "Ahora no tengo padre que me abandona, pero tengo un esposo que nunca está y me hace sentir sola, que me confirma y me afirma ideas que aprendí acerca de mí misma y de la vida en esta etapa".

Cuando ese estado del Yo nos gobierna, hay muchas necesidades no satisfechas, muchas hambres no saciadas.

En ese estado del *yo* hay decisiones tempranas es decir, de la infancia, respecto a muchas experiencias vividas en momentos de vulnerabilidad y con muy poca capacidad de entender situaciones dolorosas. Estas decisiones tempranas construyen y reconstruyen el teatro primario con todas las personas con las que nos relacionamos, no importa que sean diferentes, al final siempre vivimos la misma historia de dolor.

La parte de la niña como el resultado de la infancia que vivimos, con todas sus carencias, es la que tuvo que adaptarse a las circunstancias y crecer rápido o no crecer. Es una parte de nuestro yo emocional que no ha terminado de madurar, que necesita crecimiento y, sobre todo, llenar sus hambres aún pendientes.

Es la que se aferra a las relaciones, la que tiene miedo de hacerse cargo de sí misma y estar sola o ser traicionada, porque en algún momento ese dolor fue real en su infancia, casi como un peligro de muerte para ella. Las necesidades de protección, amor, aceptación son fundamentales, por ello no tenerlas es muy doloroso. Cuando intentas terminar una relación destructiva, sientes que no puedes, como si te fueras a morir sin esa persona o si estuvieras en peligro: es esa niña con su dolor y su necesidad.

¿Qué tanto vive tu niña herida en ti? En tu día a día, ¿qué tan presente está? Cuando la niña herida gobierna nuestra vida, vivimos desde un gran miedo, desde una gran hambre de protección y desde una búsqueda imperiosa de protectores en nuestras relaciones. Esto es hambre de hombre. En tus relaciones de pareja ¿quién domina, tu adulta o tu niña?

Niña libre

La otra realidad que también está en nuestro interior es la niña libre. Esta parte de nosotras es juguetona, divertida, espontánea, se atreve, es ella misma, es flexible, se adapta a las nuevas realidades, tiene la capacidad de aprender cosas nuevas y sorprenderse con las experiencias de la vida, con la belleza que hay alrededor. Es activa, sabe que su camino es un aprendizaje constante y ama conocer eso que ignora. Se manifiesta a través de alegría, sorpresa, amor, ternura, compasión, entusiasmo, unión. Imaginemos a una niña feliz, desprejuiciada, que explora la vida, conoce su capacidad, sus dones y su poder. Se divierte haciendo lo que hace y siendo quien es. ¿Qué tanto está presente esta niña libre en tu día a día? ¿En dónde se manifiesta? Cuando trabajaste, cuando hiciste el amor, cuando creaste un nuevo proyecto o cuando aprendiste algo nuevo, cuando paseaste por la naturaleza o jugaste con tu sobrina o hija, observa, ésta eres tú también y está ahí. Le permitimos expresarse cada vez más libre cuando llenamos nuestras necesidades de la niña herida.

Como seres humanos somos complejos, tenemos diferentes voces y necesidades que nos reclaman diferentes cosas. Sin embargo, debemos desarrollar nuestro gobierno interno, ese gobierno no puede venir de la niña herida; el autogobierno y la dirección de nuestra vida debe venir de la Adulta, para ello hay que profundizar un poco más en ella. La Adulta mira la oportunidad en los conflictos de la vida, agradece lo que recibe y pone su don al servicio de los demás de manera responsable. Es la que tiene ideales y sabe a dónde se dirige, es la que determina los caminos y pone voluntad para conquistarlos, sabe estar atenta y presente en su vida; se conoce y sabe de sus cualidades y carencias, sus puntos fuertes y sus debilidades; cuenta con ella misma y se sabe fuerte y capaz de trasformar lo que no le gusta de su vida.

Pregúntate, ¿qué tan fuerte es tu adulta? ¿Qué tanto toma decisiones en tu vida? ¿Tienes el gobierno de ti misma desde tu ser Adulto o quién gobierna? Si gobierna tu parte niña, tendrás mucha inestabilidad emocional, poca claridad de lo que quieres, actitudes infantiles y una idea de que no puedes valerte por ti misma. Si gobernamos nuestra vida desde la niña libre, seríamos mujeres sin estructura; creativas, pero sin estructura para aterrizar; no sabríamos sostenernos, sin objetivos claros y determinación. Si gobernamos desde la niña herida, lo haremos desde la falta de autoestima y la carencia, la rigidez, la autoexigencia, el enojo y la rebeldía.

La Adulta se nutre y fortalece de la voz de la niña herida. Eso que tanto te dolió y nunca has expresado, como decir "mamá, me hiciste falta", "me hubiera gustado que me cuidaras, que me aceptaras, que fueras más fuerte, que no permitieras abuso de mi papá"; "papá, ¿por qué te fuiste?, yo te hubiera amado tanto"; "mamá, ¿por qué no me defendiste, dónde estabas cuando te necesité?"; "papá, ¿por qué no fui suficientemente buena para que me quisieras y estuvieras conmigo?" El hecho de leer estas preguntas puede remover asuntos pendientes en tu interior de niña herida, necesitando ser expresados. Cuando expresas el dolor, te haces consciente de tus necesidades y cambias la visión, le das voz a tu niña herida y una nueva forma de ver las cosas.

Dar voz es validar lo que sientes, expresar el dolor y sentir tu necesidad con empatía. Es mirar las creencias que dejaron estas experiencias aprendidas en los primeros momentos de la infancia y ejercitar un autodiálogo con esa parte frágil de ti misma a la manera de una madre que te ayuda a entender que eres profundamente valiosa y todo estará bien.

Es muy diferente expresar el dolor con tu adulta presente a estar tirada ante la circunstancia como una niña reforzando sentimientos victimistas. Expresar y sentir el dolor con tu adulta es sentirlo con conciencia y acompañarte en una actitud empática de entender y sentir desde la conciencia.

Muchas personas se han pasado la vida lamentando y llorando su infancia. Por supuesto que eso no sana. Llorar y lamentar como niña refuerza las ideas de abandono y dolor. Si hay una posición de queja y autoconmiseración, entonces es peor. Vivir el dolor como sanación es como la limpieza de una herida física, es tocar el dolor, sacar lo que se quedó y después ponerle medicamento. Tu parte adulta pone el medicamento, toma un sentido a lo vivido y aprende de él. La parte víctima sólo lo toca y lo vuelve a tocar sin que esto permita que la herida del alma cierre nunca.

Claudia, 24 años

El fin de semana fui de viaje con Paco, mi pareja, y su familia. Durante el trayecto lo único que hizo fue querer estar con sus hermanos y tíos, sin hacerme caso y sin estar a solas en ningún momento. Empecé a sentirme muy ignorada y eso me molestó. Una noche estaba muy cansada y le pedí que nos fuéramos a la habitación, porque tenía ganas de estar con él pero me dijo "vete, ahorita te alcanzo". Pasó el tiempo y no llegaba a la habitación. Yo empecé a sentir que lo único que quería era irme y regresar a mi casa, gritarle que lo único que le pedía era estar juntos esa noche porque todo el día estuvimos con su familia y empecé a sentir un dolor en el pecho enorme. Lloré como nunca, lloré a mares y sentí un dolor muy profundo en mi pecho. No podía parar y después de llorar me vino la imagen de mi papá y de todas las veces que lo esperaba y no llegaba y me quedaba dormida. Me di cuenta de que debía hablar con Paco, pero no desde ese dolor porque no era la misma situación; me sentí ignorada y expresarlo me hizo sentirme mejor y hablar con él sin tanta carga.

Claudia ya llevaba un proceso terapéutico cuando vivió este momento. El dolor que despertó esta experiencia era un viejo dolor de abandono de su padre. Si no se daba cuenta de que era eso lo que le dolía tanto, cuando Paco llegara le iba a cobrar la factura nivel diez del dolor del pasado cuando lo que pasaba era nivel tres. Al llorar, dio espacio para que su niña se expresara y su parte adulta observara y tomara el control de la situación.

Es importante darle voz al dolor de la niña herida con la adulta acompañando, es como si hubiera una madre interna que te abraza y entiende tu dolor. Debemos tener claro que hay experiencias dolorosas que no se desahogaron; expresar el dolor contigo misma, en una terapia o con grupos de autoayuda es muy liberador, porque es un hecho que los padres de la infancia son muy diferentes a los padres de hoy. Hay veces que queremos decirles a ellos lo que nos hicieron pero muchas veces ya ni se acuerdan o han desarrollado un mecanismo de amnesia para no recordar las cosas que hicieron; además, ya son otros papás, han cambiado, la vida les enseñó cosas y reclamar ahora está fuera de lugar.

Cuidado de continuar generando dolor con ellos en tu presente; si tus padres siguen en dinámicas destructivas, aléjate de ellos, ponles límites. No tienes que permanecer en relaciones tóxicas porque sean tus padres, cuando estas realidades continúan en el presente, no basta con sanar los dolores del pasado, seguimos generando dolor con ellos y eso lo tiene que resolver tu parte Adulta, poniendo límites y distancia.

Muchas veces decimos, bueno, para qué regresar al pasado, lo que pasó, pasó y ya no puedo cambiarlo; para qué recordar mi infancia y todo lo que me dolió, no tener un papá o una mamá, o ser abusado o ignorado, etcétera. Nos da mucho miedo mirar la realidad de la niña que fuimos, no queremos recordar esos momentos de soledad y abandono porque aún nos duelen, porque los dejamos en la cápsula de lo innombrable y lo cierto es que no está en el pasado, la niña herida está en el presente, el pasado no se cambia pero tu percepción de él sí. Escuchar a tu niña, tomarla y abrazarla hoy desde una Adulta con más recursos permitirá sanar eso que en el pasado no encontró formas sanas de liberación.

Llevo varios años trabajando con la niña herida en mis grupos de autoestima y en mis talleres de sanación de las cinco heridas de la infancia. En la mayoría de los casos observo que todo lo que hoy se nos atora en la vida y nos duele tiene su origen en la infancia, en el modelo de padres que tuvimos, en las experiencias que formaron las ideas que te hacen saber quién eres y cómo es el mundo, en los hábitos emocionales de estar en la vida con enojo, tristeza o alegría evasiva, entre otros.

Todo esto crea nuestro sistema de ideas-raíz desde los primeros siete años de vida y después las vamos reforzando o cambiando, por medio de experiencias que confirman que esa idea es cierta o no. Por ejemplo, cuando eras niña aprendiste que no eras "valiosa", porque nadie tenía tiempo para estar contigo y tomarte en cuenta. Este acto deja una idea clara en la visión de sí misma de la niña, aunque no sea cierta.

El mensaje que recibimos a través de los actos de los padres es lo que se aprende. Esas son las ideas-raíz y construyen lo que en análisis transaccional llamamos guión de vida: según la definición de Berne, es "un plan de vida inconsciente, realizado en la infancia, reforzado por los padres y justificado por sucesos subsecuentes, que culmina en una alternativa seleccionada". Así, desde pequeños elegimos el destino de nuestra vida de forma inconsciente. Uno o varios episodios traumáticos pueden ser los fundamentos de ese guión de vida que ya tiene un final definido por nuestra niña.

Todos tenemos un sistema de creencias que alimentan nuestro guión de vida. Éste se fortalece cuando la vida confirma que esas ideas son ciertas, son las que tienen más peso en tu vida y hacen que vivas con relación a ellas. Estas creencias base se han

137

ido confirmando a través del tiempo y sobre todo en estas etapas tempranas donde se construye el ego. Cuando nos quedamos con experiencias dolorosas de las que no hablamos, esas ideas nunca se actualizan y se refuerzan con el dolor del silencio. El guión está basado en la visión de nuestra sobreviviente, en la interpretación que del mundo hizo nuestra niña herida y que hoy continúa reforzando con los actos. En el presente seguimos viviendo con base en esas decisiones tempranas de la niña sin darnos cuenta; por eso sostenemos relaciones con personas de estilos similares a las personas significativas de nuestro pasado, son repeticiones compulsivas de nuestra herida y de nuevo nos abandonan, traicionan o abusan. Todo asunto traumático no resuelto tiende a repetirse de manera compulsiva.

Como verás, esto es muy fuerte porque cuando eres niño formas una idea de ti mismo y del mundo con muy pocos recursos, basado sobre todo en las experiencias fuertes de tu infancia. Sabes quién eres a través de lo que tus padres te dicen, por la forma en que dan valor a tu presencia, mediante sus actos; si te abrazan, te dan tiempo, te ponen límites, te ayudarán a ir conformar un yo soy más fuerte y sano. Si sus actos te dicen no me importas, eres tonto, no eres suficiente, el niño confirma esta creencia, y actuará en relación con ella.

Sofia, 25 años

Siempre me sentí la burra del salón. No entendía nada, recuerdo que me distraía con mucha facilidad y simplemente no escuchaba. Me sentía muy sola, mis papás estaban todo el tiempo en el trabajo y a mí me cuidaba una tía adolescente que siempre estaba en su cuarto; yo sentía que no le importaba a mis padres. Nadie me decía nada, ni haz la tarea o lávate los dientes, yo sólo me la pasaba jugando y viendo la tele, y cuando llegaba el día siguiente en la escuela me acordaba de la tarea hasta que la pedía la maestra y yo no la llevaba. Me daba mucho miedo y pena. La maestra me ponía en ridículo con todos, mientras yo sentía que tenía razón, que era una tonta.

En sus primeros años esta paciente tuvo la idea de que era tonta por el abandono en que vivía. Cuando somos niños tenemos una visión egocéntrica de lo que pasa, o sea, pensamos que todo tiene que ver con nosotras y si nuestros padres no están es porque no somos importantes. Cuando somos niños no tenemos criterios objetivos, sólo subjetivos, e interpretamos todo con base en cómo te sientes como niño y te lo adjudicas todo. Por ejemplo, si sus padres se separan, el niño se siente responsable o si discuten, cree que algo hizo mal, son fusionales y aún no tienen capacidad para separar lo que es de los padres y lo que es de ellos. Eso lo aprendemos conforme vamos creciendo o nunca lo separamos y crecemos sintiéndonos responsables de todo.

Todas las ideas base de los primeros años de vida se pueden cambiar. Por ejemplo, Sofía aprendió a sentirse poco valiosa desde pequeña y reforzó esa idea por muchos años, en sus relaciones, con sus pocos logros, con los conflictos de su vida. Muchas somos como Sofía, aprendemos ideas equivocadas de nosotras mismas con base en las experiencias vividas que recibimos.

Todos transmitimos lo que traemos dentro, dudo mucho que un papá con verdadera autoestima le enseñe a su hijo baja autoestima. Un verdadero amor por ti mismo hará que aprecies y respetes a los que están a tu alrededor. El tema es que somos una cadena de repeticiones, de ignorancia, y cuando nuestros hijos son chiquitos cometemos muchos errores, que después podemos corregir; sobre todo si son pequeños, ayudándoles a implantar mejores ideas base de sí mismos, en los Actos y en la cotidianidad, no diciéndoles todo el tiempo "sí eres valioso, sí eres valioso, sí eres valioso", mejor en los Actos y lo integrará a la experiencia.

En primer lugar, debes trabajar tú como mamá en la idea de que eres valiosa como mujer y acompañando a tu hijo a tener logros que le ayuden a ver en los actos que sí es capaz, que sí puede y dándole tiempo y atención donde fomentemos el vínculo afectivo entre ambos. Para obedecer y confiar en ti, primero debe saber que lo amas y eso lo sabe mediante el interés que tienes por él y el tiempo que le das.

Hay que trabajar por cambiar algunas ideas con las que crecimos. Las ideas de quién soy yo, quiénes son los hombres, cómo es la vida, el dinero, etcétera. Detrás de lo que no fluye en tu vida, detrás de ese conflicto que se repite y se repite, hay una creencia limitante. Detrás de esa actitud perfeccionista, o de ese miedo a equivocarte, detrás de esa necesidad de control o esas relaciones que siempre terminan, detrás de eso que no logra crecer y ser pleno en tu vida, hay una idea-raíz-disfuncional que hay que sacar a la luz, verla, reconocerla, soltarla e implantar una nueva idea elegida y reforzada por tus hábitos de todos los días.

Contacto con tu niña herida

Para establecer contacto con la niña herida, primero debes saber que estás a salvo, que te tienes a ti y te acompañas en este proceso de dolor. También puedes pedir ayuda a algún profesional de la psicoterapia con el que puedas trabajar si sientes que es muy fuerte y no puedes sola.

Estoy convencida de que todos tenemos una sabiduría más allá de nuestra razón o intelecto, que siente y nos dice hasta dónde podemos llegar y si podemos lograrlo solos y cuando necesitamos apoyo.

En este capítulo es fundamental reconocer los mensajes de nuestro cuerpo, que nos da la señal más honesta de qué nos pasa. Por medio de él podemos reconocer lo que sientes con los ejercicios y cuándo algo se atora o cuándo tocas de verdad un alivio. A través de tu cuerpo y tu respiración aprendes a dialogar contigo. Por eso te enseñaré un ejercicio de respiración y conexión con el cuerpo que ejercite esta conciencia de ti y que más adelante redactaré.

Por otro lado, es importante saber que todo proceso de cambio trae una crisis. Por momentos, donde haces click emocional sentirás dolor y crisis, pero no te asustes, esto simplemente permite expresar y después te sentirás desahogada. Es un movimiento interno que tal vez te haga sentir mal o triste; por eso, después de vivir una crisis o un movimiento interno de quiebre y llanto, debes buscar espacios para estar contigo y estabilizarte con los ejercicios que te indicaré para aplicarlos y regresar a la estabilidad.

Cuando trabajamos con el niño herido lo hacemos con las emociones, así que cuando aflora una emoción es una prioridad hacerla consciente y expresarla. No podemos trabajar con el niño herido reprimiendo lo que aflore emocionalmente, hay que darle voz. La emoción que aflore es la prioridad en este trabajo. Entonces, si sientes que algo pasa con tu respiración, si sudas, si sientes algo en el pecho, en el estómago, la garganta, es la emoción que se hace presente —y nada hay más importante— y dejamos que exprese lo que necesita, le das su lugar sintiéndola.

Algo muy importante: no se puede trabajar con la infancia si no lo haces desde la adulta con responsabilidad. No te quedes estacionada en las emociones de tristeza, habrá momentos en que la sentirás, y está muy bien; la vivirás cuando llegue la necesidad de expresarla; llórala, exprésala bien, siéntela sin censura y después déjala ir. Deberas elegir si te quedas con esa emoción o la expresas y la sueltas. Te sentirás descargada y será momento de hacer que tu adulta te recuerde que esto es parte de un proceso de limpieza y conectar con ideas que te suban la energía, el entusiasmo por sanar. En general, si expresamos bien una emoción no debe quedarse estacionada mucho tiempo; si permanece es porque te abandonas a ella o la reprimes. Expresar bien una emoción es un proceso de máximo treinta minutos y después se bajará la energía. Expresar bien es estar acompañada por tu Adulta.

Las emociones que puedes sentir son muy amplias, por ejemplo, tristeza, enojo, ira, dolor, frustración, afecto, ansiedad, miedo, decepción, alegría, melancolía, resignación, desconfianza, admiración, esperanza, paz, desprecio, rencor, fragilidad, desprotección, respeto, agradecimiento, disgusto, odio, fastidio, y muchas más. Para ayudarte a reconocerlas, hablaremos de emociones expansivas y emociones contractivas; por ejemplo: las expansivas se sienten como si se abre algo en ti, el afecto expande el pecho, la alegría, la admiración, la esperanza, la paz, el agradecimiento, todas ensanchan y te abren a la vida, a las personas, a las experiencias. Las contractivas te cierran, te defienden, te alejan, te hacen cruzar los brazos o se te cierra la garganta, o se hace un hueco en el estómago; son las contractivas, las que aportan dolor, frustración, desprecio, rencor, miedo, fragilidad. En las extrovertidas experimentamos confianza y apertura, son hijas del amor y en las contractivas desconfianza y necesidad de protegernos, son hijas del miedo.

Según Miriam Muñoz P., hay cinco emociones primarias. En su libro *Emociones, sentimientos y necesidades* nos explica cuáles son y que todos los seres humanos experimentamos:

Expansivas
Afecto y alegría

Contractivas
Tristeza, miedo y enojo

Te será más fácil nombrarlas para iniciar un proceso de reconocimiento de tus emociones, indispensable para trabajar con tu niña herida.

Durante los ejercicios y el proceso de contacto contigo, que ya inició si llegaste hasta este capítulo, la conciencia de las emociones será primordial: observar lo que sientes y reconocerlo es el primer paso.

Será normal que en este proceso estés un poco más sensible de lo acostumbrado, te recomiendo desarrollar una actitud de protección de ti misma sin entrar en discusiones o conflictos que te lastimen de modo innecesario. Imagínate que estamos curando una herida como si estuviera en tu cuerpo, pero está en tu alma; tendrás más cuidado con tus emociones, con la manera en que alimentas tu interior y te relacionas contigo y con los otros.

Como ya dije, eres una adulta capaz y fuerte, ya no eres la niña desprotegida de la infancia. Has crecido y desde una adulta consciente elige tocar tus heridas y sanarlas. Habrá momentos en que tu niña herida quiera dominar, pero optarás por no conectar con ella más tiempo de lo necesario. No destaparemos ningún dolor que no esté en tu presente, todo lo que trabajarás en este capítulo será tu dolor presente y no sacaremos ninguna "basura" innecesaria del pasado, sólo lo que hoy afecta tu presente.

Conciencia de mi ser y ejercicios de contacto

Repite este ejercicio veintiún días en diferentes momentos. No importa dónde estés, pero de preferencia que haya silencio, que dure 10 minutos y sea todos los días por lo menos una vez. Todas las meditaciones las encontrarás en mi página www.anamarori-huela.com.mx

Ponte en algún lugar tranquilo y cómodo. Respira profundamente y atiende a tu respiración. Observa cómo el aire entra y sale de tu cuerpo, expande el abdomen y contrae; observa este proceso unos segundos. Date cuenta en qué momento es más fresco el aire, más cálido, por dónde pasa, cómo se siente el paso del aire en tus diferentes órganos.

Ahora percibe tus pies, ¿cómo se sienten? Percibe un hormigueo, siente los zapatos y recorre las sensaciones de tus piernas. Percibe el pantalón en la piel, muslos, genitales, observa tu estómago, tu pecho, brazos, garganta, cuello, espalda, cabeza, boca, lengua y ojos. Es un recorrido por las sensaciones de todo tu cuerpo que no dura más de 10 minutos, si hay algún dolor en tu cuerpo, describe las sensaciones; por ejemplo: siento dolor en la espalda, como piquetitos y como si algo me hormigueara. Hazlo en términos de sensaciones como punzadas, hormigueos, contracciones, pellizcos, frío, caliente, apretado, picoteos, pesado, estirado, etcétera. Tranquila, a gusto, no es sensación; describe ese punto donde sientes dolor desde las sensaciones, cómo se siente y concéntrate en ese lugar.

Con este ejercicio haz conciencia de todo tu cuerpo y después dónde hay sensaciones más evidentes y descríbelas a ti misma.

Siempre tenemos sensaciones en el cuerpo pero no siempre las advertimos. Es normal que si no acostumbras hacerlo, al principio no sientas nada pero continúa; con el tiempo te darás cuenta de que hay muchas sensaciones en el cuerpo de las que puedes ser consciente poco a poco.

Este ejercicio es una gran herramienta de conocimiento de ti misma, ayuda a conectarte con tus emociones, ejercita un diálogo contigo, suspende tus actividades y habre un espacio de contacto contigo; asimismo, te hace consciente de cómo estás y ejercita de manera significativa la conciencia de ti misma y además te relaja. Cuantas veces puedas hacerlo, mejor. Cada vez que te acuerdes, con 10 minutos diarios. Es una excelente posibilidad de contacto contigo; respirar profunda y conscientemente todo el tiempo es muy importante, primero los veintiún días consecutivos y después cuando lo necesites.

Ejercicio para estabilizarse

Lo puedes hacer después de un momento de dolor, de enojo, de crisis o quiebre emocional. Te ayudará a restablecer las emociones.

Ponte cómodo, de preferencia en posición de flor de loto, y junta tu dedo índice y pulgar formando un círculo en cada mano; luego pon toda tu atención en la respiración, cierra tus ojos y siente cómo el aire entra y sale de tu cuerpo; respira profundamente y quédate un par de minutos atendiendo tu respiración. Has que el aire entre a tu cuerpo abriendo y levantando el pecho, echando los hombros para atrás y sacando el pecho. Retén el aire y después de 10 segundos sácalo lentamente por la boca durante 15 segundos. Repite esto cinco veces, poniendo toda tu atención en sacar el pecho y abrir la parte en medio de nuestro pecho para oxigenar el chakra del corazón, ubicado justo en medio de tu pecho. Hazlo lentamente, no hay prisa, y luego date una pausa de siete segundos entre respiración y respiración.

Una vez hechas estas respiraciones tres veces, imagina una estela de luz sobre tu cabeza y haz llover ríos de luz purificadora, de amor, de bienestar. Abre las palmas de tus manos en posición de recibir y siente cómo penetra toda tu piel, tus músculos, tu sangre, tus huesos, tus células, tu energía, cómo barre y va sacando, conforme limpia, una energía oscura de la parte de tu cuerpo donde estaba la emoción de enojo, dolor, tristeza, ira, antes de hacer la meditación, la saca por la planta de los pies y va hacia la madre tierra para transformarse en energía. Levanta tu rostro, observa la luz, cómo sale luz blanca de tu corazón, una brillante luz de bienestar y purificación interior.

Respira profundo, después de unos minutos ante la luz dale gracias por los dones recibidos, por su presencia y purificación. Junta las palmas de tus manos en señal de reverencia y agradecimiento, despídete de la luz.

Ahora quédate contigo y siente la vibración de la energía en todo tu cuerpo unos minutos más. Tú sabrás en qué momento terminar y abrir lentamente los ojos. Es recomendable quedarte, unos ocho minutos o más, con esta imagen de la luz que purifica. Es un ejercicio de cabecera para momentos donde se abrieron emociones y te sientes cargada. Practícalo, todo el ejercicio te llevará sólo ocho minutos.

Cómprate una libreta nueva para reflexiones, ideas y ejercicios de este capítulo. Vacía en ella lo que llevas dentro y lo que vives día a día con lo que iremos trabajando.

El ejercicio de conexión contigo por veintiún días es muy importante llevarlo a cabo. Ponte alarmas, pega un papel por todos lados, haz todo para que no pase un día sin que practiques este ejercicio de respiración y contacto contigo.

El segundo ejercicio es de estabilización para momentos donde abrimos emociones y expresamos energía de dolor o enojo, antes o después de expresar el sentimiento; por ejemplo, después de llorar y descargarte emocionalmente, de discutir, de descargar en la almohada el enojo. De preferencia no hagas la meditación si no has descargado las emociones; siente y expresa la emoción y después te estabilizas con el ejercicio; si te estabilizas sin expresar la emoción, podría ser sólo un tapón.

Vamos a hacer un ejercicio muy bonito: la bóveda de mi niña interior. Te ayudará a construir un espacio para conectar a tu niña donde la encuentres. Durante todos los ejercicios que haremos en este capítulo de contacto con tu niña herida, te dirigirás a esta bóveda de contacto donde verás a tu niña interior. Necesitarás colores y tu libreta de trabajo. Para esta meditación utiliza música que te guste para relajarte y sin voz.

Ejercicio. Bóveda de contacto con mi niña

Ponte cómoda, de preferencia sentada con la espalda recta y atenta a tu respiración. Haz tres inhalaciones profundas y conserva dentro unos segundos el aire; luego sácalo lentamente por la boca. Haz una pausa entre respiración y respiración. Observa las sensaciones de tu cuerpo en este momento, si hay una parte más cargada energéticamente, si sientes dolor o alguna otra sensación. Quédate en esta observación un par de minutos.

Ahora relaja cada parte de tu cuerpo: los pies y luego las piernas, suéltalas, relájalas, pasa por cada parte de tu cuerpo, siente tus genitales, caderas, abdomen. Nada debe estar tenso o en posición incómoda, si es así, cambia hasta obtener comodidad y relajación. Así hasta que llegues a tu cabeza. Relaja los músculos de tu rostro, tu lengua, tu quijada, todo en confianza y relajado, con mucha atención a que tu respiración sea un equilibrado entrar y salir en paz y en armonía.

En esta actitud de relajación y confianza construirás la bóveda de contacto con tu niña interior. En tu imaginación pon todo lo que crees que es un espacio ideal para tu niña. Por ahora no pienses en ella, sólo crea el espacio. Puede ser abierto, un bosque, una playa, una habitación, una cabañita, hecha a volar tu imaginación y construye la bóveda de contacto con tu niña, será un espacio bello donde ella se sentirá bien, querida y divertida; incluso agrega, padres ideales, que la esperan, amigos, hermanos, no hay límite. Que tu bóveda sea un espacio perfecto, lleno de cosas lindas, preparadas con todo amor e intención para llevar ahí a tu niña una vez que hagas contacto con ella, durante los siguientes ejercicios.

Quédate varios minutos construyéndola y observándola en tu imaginación y cuando sea suficiente para ti y le pongas todos los elementos, respira profundamente, abre los ojos y dibújala en tu cuaderno. Dibújala con la mano izquierda, ponle muchos colores, a ese espacio la llevarás en un ejercicio posterior.

Todas estas meditaciones puedes encontrarlas en mi página www.anamarorihuela.com.mx

Ejercicio para desterrar ideas-raíz

Este ejercicio lo realizarás en el momento que quieras. Será una buena herramienta para cambiar ideas-raíz de tu niña que aún tienen fuerza en ti y no ves con claridad. Ideas como "no soy valiosa", "no tengo derecho a que me quieran", "decir lo que pienso está mal", "los hombres maltratan", "las personas me quieren lastimar", "debo controlar, si no estoy en peligro", "si estoy sola, estoy desprotegida", etcétera.

Ésta es una reflexión que harás siete días consecutivos.

Paso 1: en una libreta escribirás por siete días, en la noche o a la hora que puedas, de preferencia en el momento de ocurrir, ¿qué actos activan el botón de tu niña herida? ¿Cuándo toma posesión en una situación cotidiana? Escribirás cómo reacciona y su relación con tu infancia. Identifica las situaciones cotidianas fuera de control y cómo te sentiste, por ejemplo:

¿En qué momento se manifiesta? Cuando mi esposo está con su celular.

¿Cómo me hace sentir? Enojada y abandonada.

¿Qué relación tiene con mi infancia? Me recuerda a mi padre, que no me hacía caso por estar con su botella.

Otro ejemplo:

¿En qué momento se manifestó? Cuando mi compañera de trabajo tuvo una mejor idea que yo.

¿Cómo me sentí? Inferior, tonta, sentí celos porque todas la veían.

¿Qué relación tiene con mi infancia? Mi madre siempre me comparaba con mi prima y yo todo el tiempo luché por ser mejor que mi prima.

¿Cómo sabes que es tu niña herida la que se manifiesta? Fundamentalmente porque la reacción emocional está sobredimensionada, no guarda relación con lo que vives, porque te paraliza, está fuera de control y te hace sentir herida y poco valiosa, impotente, con necesidad de defenderte, de llorar, de golpear. Es una reacción que te saca de tu centro. Es cuando te preguntas ¿por qué me saca de control esta actitud? O cuando alguien hace algo que te enoja mucho o te duele y no te lo quitas de la cabeza y está muy presente y te sientes impotente o reaccionas de una manera violenta o desesperada, pasiva y deprimida.

La adulta también puede enojarse y sentir dolor, no todas estas emociones son sólo de la niña, pero la experiencia es distinta, la emoción es más acorde con tu realidad. Es una emoción consciente que diriges y expresas. Cuando le damos voz a la emoción de la niña herida, la de la adulta surge sin tanta carga, puede ser muy intensa pero dirigida por ti, liberadora. Por ejemplo, el caso de la mujer que tiene una mejor idea que ella y eso le recuerda toda la infancia compitiendo con su prima para ser mejor; si ella se da cuenta de que su reacción está siendo exagerada ya no pierde control, es la memoria de su niña compitiendo, y se dice a sí misma "hoy ya no tenemos que competir ni demostrar a nadie que somos valiosas, eso fue en el pasado y hoy sabemos que también tenemos buenas ideas y eso no hará que las personas te dejen de querer, eres muy valiosa y querida". Ese reconocimiento ayudará a disminuir el miedo de tu niña herida y surja una mejor manera de convivir con esta realidad. Es un discernimiento donde distingues cuál es tu memoria de dolor y qué es objetivamente lo que pasa.

La niña herida es una reacción emocional impulsiva, sin conciencia, no hay poder de la Adulta; aunque ésta entienda lo que pasa no tiene fuerza para cambiarlo; la que tiene fuerza es la niña y domina esa situación.

Al inicio del trabajo es normal que la niña tenga mucha fuerza, hablas con ella y sigue en berrinche. Eso será al principio, en lo que se fortalece tu adulta y la niña gana confianza y busca llenar sus necesidades de seguridad, aceptación y afecto. Con eso da más espacio para que dirija la adulta interna.

Es muy importante que lo anotes en la libreta porque te ayudará a aterrizarlo y verlo más claro durante los siete días de la reflexión. A partir de ahora observa cuándo tienes emociones fuera de control, si es la adulta o la niña la que está presente.

Reflexión diaria

Paso 2: Ahora que has atendido todos estos días a las reacciones e impulsos de tu niña, reconoceremos las creencias raíz o base que hay en estas reacciones. Lee en tu reflexión lo que escribiste respecto a eso que dispara a tu niña. Qué relación tiene con tu infancia. Y pregúntate: ¿qué idea aprende mi niña a través de esto?

Para ayudarte a descifrar los mandatos observa si se relacionan con los cinco demonios del autoconcepto que describiremos en un capítulo posterior.

1. No soy valioso.
2. No soy merecedor.
3. No soy suficiente.
4. No soy capaz.
5. No pertenezco.

Ahora veremos cómo lo aplicarás en el ejercicio:

¿En qué momento se manifiesta? Cuando él llega tarde.
¿Cómo me hace sentir? Abandonada.

¿Qué relación tiene con mi infancia? Esperar me hace recordar a mi padre que no llegaba.

¿Qué idea aprendió mi niña a través de esto? "No eres suficiente."

El ejercicio se hace con el paso uno. El paso dos te ayudará a ver más claro y será más revelador. Después de siete días descubrirás cuál es la constante durante todos los momentos en que tu niña herida se manifieste, y te darás cuenta de que todo gira alrededor de la misma idea. En el ejemplo, ella descubrirá que la forma en que traduce muchas experiencias dolorosas es desde el mandato "no eres suficiente." Cuando la realidad se parece a eso, a ella le duele en un nivel diez.

Lo que aprendimos de nuestros padres hoy son formas de tratarnos a nosotras mismas. Cuando descubrimos ideas-raíz, sin duda, algo se mueve en nosotras, hace click en el corazón, se siente inmediato. En cuanto la escribes, duele y sabes que es la idea que lastima a tu niña. Si no lo sientes, es probable que debas profundizar sobre lo que te indica y permanezcas más tiempo contigo para que aflore la idea real, o quedarte con lo que salga, con la tarea de descubrir la idea real porque algo en tu vida lo reflejará.

Paso 3: destroza la idea. Se refiere a un diálogo desde tu adulta y tu niña. Pon a tu niña que piensa que no es suficiente en una silla y háblale, escucha también sus miedos. Cámbiate de silla para representar tus voces internas, dialoga con tu dolor, tu yo Adulta ayuda a tu niña a entender. Hablarás de por qué esta idea no es cierta, por ejemplo: "No es verdad que no soy suficiente, soy suficiente y reconozco mi valor, soy valiosa y merecedora de respeto y atención", como si le hablaras a una niña interna y le ayudarás a comprender que lo que piensa de sí misma es erróneo y escucharás también de dónde aprendió esto.

Paso 4: en una posición cómoda respira profundamente. Has el ejercicio número uno para entrar en contacto con tus sensaciones. Trae y recrea en tu mente una escena donde tu padre o tu madre hicieron algo que reforzó el mandato o la idea raíz que descubres que hoy te duele tanto y quédate en esta experiencia. Si tienes el don de conectar con el dolor es perfecto; llegar ahí es muy importante porque las ideas-raíz o mandatos se destierran sintiéndolos. Toca la emoción al recordar la escena y exprésala. Una vez que la experimentes elige una idea opuesta a la idea-raíz o mandato que reflexionas y dísela a tu niña o a la imagen de ti misma que despertó la meditación. Ejemplo: no es verdad que no eres valiosa, eres valiosa y suficiente y hoy esa idea no seguirá teniendo fuerza en nuestra vida y descubrirás poco a poco que es falsa y yo te ayudaré a reconocerlo.

Paso 5: escribe la idea en una hoja y dale muerte simbólica. La puedes quemar, enterrar, mandarla por el escusado, tírarla por la ventana, lo importante es que en ese ejercicio pongas toda tu conciencia, tu amor por ti misma y una esperanza de vivir más libre y plena. Cuando la idea se queme o vaya, te repites ideas que refuercen lo contrario a lo que estás quemando; en el ejemplo que utilizamos sería: "Sí soy importante, sí soy amada, sí merezco que cubran mis necesidades", y así hasta que se consuma.

Paso 6: en posición cómoda respira profundamente. Centra tu atención en ti y percibe cómo es estar sin esa idea, cuál es tu sensación en este momento. Date unos minutos para agradecerte haberla descubierto y sacarla de ti. Ahora implantarás la nueva idea, algo que ayude en tu vida cotidiana y no permita que surja la idea desechada. En nuestro ejemplo sería: "Sí soy importante y lo primero para mí soy yo."

Paso 7: elige los actos que refuerzan la nueva idea y escríbelos en tu libreta. Escoge uno con el que empezarás a vivir. El refuerzo con los actos es fundamental porque te ayudará a que la nueva idea se vaya, y no cobre fuerza otra vez y se convierta en una nueva idea-raíz a través de repeticiones. Ejemplo: lo primero que haré será ir al doctor y tomar unas clases de baile que me harían muy bien. Ése es tu primer paso, y cada vez que hagas algo en favor de la nueva idea se reforzará hasta llegar a ser un nuevo hábito en sana relación contigo.

Las nuevas ideas deben reforzarse con un click emocional, deben entusiasmar y mover interiormente para que se implante con más fuerza. Así como aprendimos las ideas-raíz o los mandatos, asimismo, los desaprendemos y desde la conciencia elegir nuevas y mejores ideas.

Un trabajo muy importante en el proceso de sanación de la niña herida es cubrir hoy, como adulta, las necesidades no resueltas por los padres.

Descargando nudos

Hay muchas cosas que seguro necesitas decir a tus padres y no has podido porque no estaban, se murieron, no escuchaban o no tenías fuerza y la claridad para decírselas. En el ejercicio siguiente revisaremos qué necesitas expresar y descargar, y lo escribirás en tu libreta de trabajo. Todo lo que escribas será con la mano izquierda. Te daré unas preguntas guía para trabajar con lo que necesitas descargar. Puedes contestar todas las preguntas y escribir una por día con la mano izquierda y además todo lo que te sea posible. Mientras más te des permiso de escribir, mejor. Evita las respuestas cortas, debes explayarte y que tu niña elabore este ejercicio. La mano izquierda nos conecta con la niña, con el hemisferio izquierdo de las emociones. Es como si estuviera escribiendo la niña que fuiste.

Es un ejercicio de siete días, una pregunta diaria para que lo escrito se procese. Será escrita primero a papá y después a mamá. Serían dos cartas. Permite que tu niña le diga a sus padres de la infancia, esto es importante, recordaremos a los padres de la infancia y no a los padres del presente:

1. Lo que me duele con relación a ti es:
2. Lo que nunca te he podido decir es:
3. Lo que me enoja de ti es:
4. Lo que aprendo de ti es:
5. Lo que te agradezco es:

Son cinco preguntas que contestarás, una a papá y otra a mamá. Recuerda que la niña escribe, no permitas a la adulta decir: "Cómo voy a decirle esto a mi mamá, le dolería." Hazlo sin restricciones y con absoluta libertad, tienes permiso de hablar. Estas cartas son para ti, no las entregarás, ni leerás a tus padres. Este trabajo te descargará para fortalecer a la adulta.

No necesitas dárselas a tus padres, los temas inconclusos se cierran con los padres del pasado, con los padres en el presente se llevan una relación Adulto-Adulto.

Trabajar contigo no quiere decir que tus padres cambiarán o ellos deben hacer un trabajo consigo mismos, no, solo tú cambiarás tu manera de estar con ellos y aceptarás que son los que son y si es verdad que elegimos a los padres para aprender alguna experiencia, pues así los necesitas para aprender tu lección de vida. Dejemos de pedir que sean lo que no serán jamás, es muy importante aceptar y dejar de pelearte con los padres que tuviste o no tuviste. Aprende que aunque parezca un error no lo es y algo te enseña esta realidad todo el tiempo. Cuando dejemos de pelear con esta realidad, el dolor cesará y estaremos más plenas en la realidad.

Los padres son una prueba de vida a veces muy fuerte. Es muy importante aceptar las cosas como son y guardar cierta distancia, cuando en el presente continúan siendo nocivos, sobre todo porque trabajar con ellos no es fácil si continúas alimentando una relación dolorosa. Es válido alejarse un tiempo, poner cierta distancia y regresar más fortalecida y más clara en lo que quieres.

Alicia, 38 años

Mi padres me enferman, cada vez que los visito salgo muy mal. Todo el tiempo tienen las mismas actitudes de violencia entre ellos, mi papá descalificando a mi mamá, mi mamá de víctima, mi papá violento conmigo, con sus comentarios sarcásticos de cuándo me voy a casar y si ya subí de peso. Intento estar bien conmigo y me esfuerzo en perdonarlos pero no puedo, me siguen enfermando.

Es muy importante entender que la niña herida puede sanar, pero si la adulta conserva actitudes destructivas y sin límites, entonces recreará una y otra vez el dolor y puede que descargues a la niña herida pero también debes cambiar los hábitos del presente para no generar dolor. El cambio es de fondo y forma con las ideas y con la expresión emocional, pero también con los hábitos de hacer y pensar del presente.

Por un lado, le damos voz a la niña y hacemos conscientes muchas cosas; de manera paralela trabajamos con nuestra adulta en el presente para cambiar poco a poco los hábitos que dejaron estas visiones de vida. Nada cambiará si no danzas en ambos sentidos; no sólo llorando el dolor de la niña herida todo se arreglará, no, también debes hacer un trabajo de cambio de hábitos diariamente. Descargar a la niña te ayudará mucho para sostener estos cambios.

Evita recrear experiencias de carencias, como la agresión de tus padres si es el caso, o las descalificaciones de tu pareja, porque sentirás que das un paso y regresas dos. Conserva límites claros de "esto no", "esta actitud no", "este hábito ya no", y con mucha atención provoca un verdadero cambio, no una pequeña dosis de bienestar que después se diluya por falta de consistencia. Recuerda que esto es un proceso, te puedes caer y levantar las 100 veces que naturalmente podemos equivocarnos. Esto es como fortalecer a un recién nacido.

Creo que por eso no se viven cambios duraderos en nuestra vida, no los mantenemos a través del tiempo, estamos acostumbrados a lo fácil, cómodo, rápido; y la verdad en lo fundamental y profundo de la vida todo requiere constancia, atención, disciplina. Dice el maestro Jorge Ángel Livraga: "Hay una misteriosa relación entre lo difícil y lo válido"; el intentar caer y volverte a levantar y así hasta que lo logres. Como un gimnasta, un músico o cualquiera que intente aprender una disciplina o hacer algo bien, deberá hacerlo una y otra vez hasta que salga bien; levantarse, frustrarse, perdonarse y volver a empezar.

No permitamos que la cultura de lo fácil y cómodo nos devore, porque lo valioso, lo duradero, opera con paciencia, constancia y disciplina. Las cuestiones del crecimiento y del aprendizaje interior llevan tiempo y requieren voluntad y un auténtico querer. No lo sueltes y continúa, te vas a caer, pero te levantarás una y otra vez hasta lograrlo. Esto es un proceso, pero desde el inicio te sientes mejor.

Acepta a tus padres como eligen ser, recuerda que si pudieran ser mejores lo harían. Hoy cada uno de nosotros es lo que puede; hacemos y decidimos como nos alcanza, tenemos las relaciones para las que nos alcanza, dudo mucho que podamos más y decidamos menos; si lo elegimos así es porque no hemos vivido de otro modo, pero esa capacidad crece conforme más consciente eres y más límites vences; mientras más cambiamos nuestros hábitos, nos alcanza para más y más.

Como todo, la relación con nuestros padres deja saldo a favor y en contra. Suelta el saldo en contra y recupera esas pérdidas, capitaliza tu saldo a favor, o sea, lo que no tuviste, trabaja hoy por reconocer, por agradecer lo que sí hubo, seguro también hay cosas que agradecer que no ves. Si no tuviste atención, llena esa necesidad, principalmente con atención a ti misma y, por qué no, pidiendo que los demás te pongan atención de manera sana y Adulta. Eso es trabajar con las pérdidas, darte lo que no tuviste en la infancia y trabaja con las ganancias: recibir, valorar y agradecer todo lo bueno de la infancia. Seguramente hoy tienes habilidades, visiones, búsquedas, que ese dolor ha desarrollado. Tu ganancia es trabajar eso que desarrollaste, como tu capacidad de control, o esa habilidad para resolver o ser empática; no lo dudes, enfocar lo bueno incrementa tus ganancias. Yo agradezco a la familia en la que crecí, las experiencias que formaron en mí quién soy.

Cuando nos enfocamos en las carencias no apreciamos lo que sí tuvimos. Cuando cambiamos la visión de esta infancia, tenemos la posibilidad de ver las cosas buenas. La infancia no se cambia, pero tu percepción de ella sí.

Elisa, 35 años

Siempre sentí que tuve una infancia de mucho abandono y soledad, siento que fui una niña muy sola y no tuve amor. Nunca pensé en todo lo que tuve en mi infancia: una abuelita que siempre se hizo cargo de mí y fue una bendición; siempre tuve perritos que llenaban mi vida de alegría y afecto, tuve un primo con el que pasé los días más divertidos y las aventuras más locas. Es increíble darme cuenta de esto. Al liberar el dolor es como si pudiera ver otras cosas, como si hubiera vivido otra infancia de la que siempre pensé.

Una vez que despresurizas, o sea, que descargas el dolor de la niña herida, te baja el enojo y el dolor que nublan la visión de todo lo que tuviste, de esos hermanos que fueron una bendición, nunca te sentiste sola gracias a ellos, de esas mascotas, amigos, hasta ese patio en el que podías jugar. Siempre hay cosas buenas, de lo contrario no estarías aquí, ni estarías leyendo este libro. Descubre tus ganancias y guárdalas como tu tesoro.

Ejercicio: escribe en tu libreta todas las cosas buenas que tuviste en tu infancia, pon todo lo bueno que se te ocurra y que contribuyó para que hoy seas quien eres.

Meditación de la niña herida

Ésta es una meditación de treinta minutos. Te recomiendo que la grabes o la escuches en mi página. www.anamarorihuela.com.mx

Es una meditación que requiere de todo tu corazón. Entre más te metas y confíes en el ejercicio, más poder curativo tendrá. Antes de empezar elige tener confianza y poner todo el corazón.

Primer paso: Conciencia de ti misma

En un lugar donde estés sola y puedas expresar tu dolor sin que haya interrupciones, adopta una posición cómoda: acostada o sentada con la espalda recta. Pon mucha atención a tu respiración y si corres el riesgo de quedarte dormida, mejor siéntate. Pon la música en tono bajito y atiende a tu respiración. Sé consciente de cómo el aire entra y sale de tu cuerpo. Observa cómo es más cálido cuando sale y más fresco cuando entra, imagina un canal de paso de este aire que va desde tu nuca hasta tu cóccix. Mantén todas las partes de tu cuerpo relajadas, empieza por los pies, visualízalos y trata de percibir algún hormigueo. Recorre lentamente hasta tus rodillas, ¿percibes alguna sensación? Sigue el recorrido hasta llegar a tus genitales, dale tiempo a cada parte de tu cuerpo. Observa la sensación en tus genitales, ¿distingues algo que no habías percibido?, sé consciente del peso sobre tus caderas y sólo observa sin permitir a tu mente interpretar o tener ideas. Ahora tu abdomen, tu estómago, ¿hay alguna sensación?, ¿cómo se siente? Descríbelo en términos de sensaciones: hormigueo, hueco, presión, tensión. En todo este recorrido no olvides ser consciente de tu respiración, ¿cómo está?, ¿distingues momentos en que se agita? Continúa tu recorrido. Percibe senos y pecho, éste es otro punto donde la energía se concentra y las emociones se sienten muy claramente, ¿cómo son las sensaciones en tu pecho?, ¿sientes que te oprimen, que se expande?, ¿algún dolor o sensación? Sólo sé consciente de lo que pasa en este momento en tu cuerpo y en cada área. Ahora pasa a la garganta, otro punto importante, ahí se atora lo no dicho, lo no permitido, ¿cómo la sientes?, ¿cómo está tu garganta? Ahora ve a espalda, hombros, columna y quédate ahí. Sé consciente por estos minutos de tu cuello y cabeza. Pon mucha atención en cada músculo de tu rostro y tu frente, ¿cómo está tu lengua?, ¿tus mejillas?, ¿sientes algún dolor o sensación no percibida? Ahora pasa por tus brazos, me he dado cuenta de que las personas que cargan mucho a nivel emocional, enojo sobre todo, tienen mucho cansancio en sus brazos, mucha pesadez, ¿cómo están los tuyos?, ¿percibes alguna sensación? Quédate ahí contigo un instante, con tu respiración, con cada parte de tu cuerpo.

Segundo paso: La casa de la infancia y el encuentro

En ese estado de relajación, confianza y conciencia de ti misma, harás un viaje a la infancia, recordarás con mucho detalle la casa de los primeros siete años de vida. Si son varias, concéntrate en la que venga a tu mente. Aún no hay personas en esa casa, sólo muebles y objetos, ¿cómo era la casa? Distingue colores y hasta olores, ¿hay algún color que predomine en la decoración? ¿Ves algún cuadro u objeto que llame tu atención? Continúa recorriendo cada parte de la casa donde creciste, la de muchos de tus recuerdos, algunos alegres otros dolorosos. Ahora caminarás mirándote como adulto en esta casa, con tu físico de hoy, recorriendo los espacios. Puedes ver que es mucho más chica de cómo la percibías de niña, todo parecía más grande que en este momento. Ve a la cocina, el espacio donde compartías los alimentos. ¿Recuerdas algún momento ahí? Observa el espacio e intenta recordar algún momento de tu infancia ahí, no hay personas en este recorrido, sólo tú y tus recuerdos. Percibe qué te pasa corporalmente al traerlos a tu mente, ¿percibes algún cambio en tu respiración o sensaciones, en pecho o estómago?, date cuenta de qué te pasa al estar ahí. ¿Qué sientes? La emoción que percibes está muy vinculada con la que creciste. Continúa este recorrido e intenta recordar cada espacio de la casa, haz una memoria de tu historia ahí. Date tu tiempo y déjate sentir para recordar algunas cosas que ahí viviste. Ahora dirígete a la habitación donde dormías y entra despacio. Observa lo que hay dentro de esa habitación, ¿la compartías con alguien?, ¿distingues algún color? Entra poco a poco a la habitación y en una parte de ella ves a una niña, ¡oh, sorpresa! Eres tú a la edad de cinco o siete años. Observa cómo estás vestida, tu cabello, acércate, ponte en cuclillas frente a ella y dile que eres ella, que eres en lo que se convertirá después de x años, que has hecho un viaje a través de la imaginación para visitarla. Toma su mano y ponla en la palma de tu mano, percibe la diferencia entre ambas. Es pequeñita, suave, delicada, obsérvala a los ojos, nadie mejor que tú sabe lo que necesita, cómo se siente, lo que le duele, lo que le asusta, siéntala en tus piernas y observa cómo te mira, sabe que no le harás daño. Ahora pídele que te deje abrazarla, todo el tiempo revisa qué te pasa con lo que experimentas dentro de esta fantasía guiada. Ahora abrázate a ti misma, entrelázate físicamente, sin dejar de visualizar la imagen de tu pequeña niña herida que recibe tu abrazo y tu presencia cariñosa. Ahora dile lo que debe escuchar, por ejemplo, si siempre sintió que su mamá no la quería, explícale lo que ahora entiendes como adulta, "Mi niña, sé que te duele que mamá no esté contigo, que la extrañas y te sientes sola, sé que quieres que juegue contigo, que te atienda." Pero siente qué le hizo falta y hoy le puedes explicar: "Mi niña hermosa sé que necesitas mucho a tu papi, que quisieras que estuviera contigo, que te protegiera, quiero que sepas que tienes todo el derecho de necesitarlo, todo el derecho de sentir esa necesidad y estoy aquí para decirte que te entiendo, sé que lo necesitas y él no viene porque no sabe cómo estás, pero eso no tiene que ver contigo, no tiene que ver con que no eres valiosa, o importante; sí eres valiosa, tus papás no están juntos no por ti, tú no eres responsable, te amo y sé que hay mucho afecto y cuidados pendientes, hoy iniciamos un camino de sanación y construcción de una mejor vida para nosotras, la necesitamos y la merecemos." Con ternura y paciencia reconoce estas cosas que tanto le dolieron y hoy entiendes como adulta. Sí eres valiosa, sí eres importante, sí mereces que te cuiden y respeten, sí mereces que te protejan y te alimenten, mereces ser amada porque eres profundamente valiosa.

El encuentro con los padres

En este contacto, recuerda que te abrazas aquí y ahora, y en tu imaginación tu niña herida y tú en un abrazo profundo y amoroso. Y en la aceptación de una nueva maternidad contigo misma. Ahora obsérvala a los ojos, acaricia su pelo y dile que fuera de la habitación hay dos personas que quieren decirle algo, son tus padres. Los padres de la infancia, intenta recordarlos físicamente como aquel momento. Elige quién pasa primero a la habitación, en tu interior se pueden crear realidades de sanación sintiéndolas, así que mientras más real lo vivas, más poderoso será; desde la energía del amor y desde su

159

luz pide a tu padre entrar a la habitación y mirar a tu niña a los ojos y en una actitud totalmente tierna le diga cosas que siempre quiso escuchar, por ejemplo: "Sé que necesitabas de mí, sé que te sentiste abandonada y que no eras importante para mí, sé que te dolió que engañara a tu madre porque sentiste que te engañaba a ti misma." Recuerda esos pasajes dolorosos que tanto te marcaron y recrear lo que desde el nivel del amor diría tu padre o tu madre; también permite que la niña exprese a su padre y madre lo que quiere decir. Si no conociste a alguno de los dos, no importa, pon en tu mente la imagen que te haga sentir que es él hasta de una revista, sólo siente que es tu padre así y se lo estás diciendo a él. Tu niña expresa lo que le duele y necesita expresar; si dentro de la meditación quiere golpear a sus padres, abrazarlos, acariciarlos, o alejarse, está bien, es perfecto que exprese lo que necesita, y tú estás ahí acompañándola. Recuerda que lo fundamental es dejarte sentir. Ahora que entre el otro padre y salga tu madre o padre; separados porque así no vinculas las reacciones de uno y otro como cuando estaban juntos. Igualmente, ahora expresa lo mismo, lo que guardaba, observa con quién te cuesta más trabajo. Pon atención a cómo estás en ese momento y después, ¿qué sientes? Ahora visualiza que ambos entren a la habitación y en una actitud de recibir, tu niña escucha que ambos le piden perdón: "Te pedimos perdón por no saber amarte, cuidarte y educarte como necesitabas, hoy lo entendemos y te pedimos perdón." En ese momento un lazo de dolor se rompe, un lazo invisible, pero que en el momento del perdón sabes que ya no estás unida con ellos desde ese dolor. Ahora los vincula más un lazo de amor y compasión del uno por el otro. Sientes como si la ruptura de ese lazo te hubiera quitado un peso de encima, percibes que se diluye poco a poco, te sientes más ligera y liberada. Las figuras de tus padres se diluyen y desaparecen. Ahora están tú adulta y tú niña, se dan un abrazo muy fuerte y le dices que quieres llevarla a un lugar que has preparado para ella, que ya nunca más estará en este espacio como está ahora, y le presentas la bóveda de la niña interna que construiste en el ejercicio anterior. Tú le dices que será un nuevo espacio de sanación en el que estás presente todo el tiempo para ella y percibe como tu niña se siente feliz y amada en este nuevo espacio de sanación y renovación.

La bóveda de la niña será el espacio que visualizarás a partir de ahora cuando tengas contacto con tu niña. Es muy importante que realices estos encuentros dos o tres veces cada semana, sobre todo en momentos en que te pase algo que quieras platicar con tu niña o sientas que se manifestó en algún instante de tu día, en una reacción de las que acostumbra, y que ahora tú conoces muy bien, de enojo o rechazo, de no ser querida. Mantén ese diálogo con esta parte de ti diciendo una vez más lo que ella necesita recordar y aprender una y otra vez, "eres amada, eres querida, estas a salvo".

La meditación es continua, pero las presento por pasos para que sea más fácil aprender las etapas de la meditación. Puedes gravarla en tu celular y practicarla poco a poco o que alguien te la lea y esté contigo en la meditación. Vívela con toda la fe que te sea posible porque tiene efectos extraordinarios y será una ayuda más en este trabajo contigo y sanación de tu niña herida.

El trabajo con tu niña herida no consiste sólo en una meditación o una sola vez. Es un proceso y lo primero es verla, reconocerla, escuchar cuáles son las voces que manifiesta, sus necesidades, enojo, control, celos, etcétera. La adulta es su posibilidad porque tu adulta la guiará a la madurez y a la confianza, reconociéndola y llevándola a otro lado interiormente.

Cuando el dolor de la niña aparece, por alguna situación de tu vida cotidiana donde sientas pérdida, miedo, celos, enojo, o una sensación de soledad o rechazo, pérdida del trabajo, o algún acto que te hizo sentir no valiosa o tomada en cuenta, llega el momento frágil a tu vida; todos tenemos momentos frágiles en ellos surge la sobreviviente, te sientes sola, perdida, carente de valor, dudas del amor de los otros, estás ansiosa, a veces agresiva, sientes rechazo y no sabes por qué; no es algo racional es instintivo, te preguntas y no hay nada claro, pero no estás bien y tienes reacciones fuera de control. Tu adulta entiende, pero no controlas tu manera de ser destructiva y sentirte herida.

En momentos así, crea el diálogo contigo. Es momento de ir a tu niña y preguntarle: ¿qué te pasa, hermosa?, ¿cómo te sientes?, ¿qué te duele? Porque no está en la parte racional de la adulta, no hay nada evidente que le diga lo que pasa, es la niña la que tiene esta respuesta.

María, 36 años

Me he sentido muy enojada con mi esposo y no sé por qué. Sólo lo veo y siento que quiero pelear con él. Está muy sacado de onda porque estoy intolerante y agresiva, y por más que intento no discutir siempre hace algo que me hace perder la paciencia y el control. Me siento muy triste, no me gusta tratarlo así, yo lo quiero mucho pero me siento más lejos de él cada vez y llena de rabia en su contra.

Cuando María me platicaba su problema, vimos que su esposo tenía algunas semanas con mucha carga de trabajo y estuvo ausente; por su parte ella resolvía lo del testamento de su mamá y se sentía muy frágil en ese tema. Cuando reflexionó, lloró y se dio cuenta de que sentía el abandono de su esposo y estaba enojada con él como si fuera ese padre que la abandonaba al darse cuenta de la fantasía de la niña, pudo desde su adulta entender que él no es su padre ni es un abandono en realidad y la actitud defensiva de inmediato bajó. Él estaba interesado y presente, pero no como ella quería o necesitaba.

Cuando queremos resolver nuestros problemas desde la parte racional decimos: "Él está presente y le importas, no te sientas mal", esto ayuda; pero cuando le damos voz a la emoción, diremos, "te estás sintiendo sola". La voz de la emoción es importante, no importa que sea irracional. Descárgala, exprésala, siéntela y, entonces, puedes dialogar con tu niña y decirle, "no te preocupes, no estás sola". Esto tiene mucho poder y te ayudará a estar mejor.

Cuando el dolor irracional emerge la niña herida tiene la palabra, no importa que racionalmente suene absurdo; una vez que la parte emocional se expresa con libertad, entonces tienes que llamar a tu adulta para que diga: "Estamos bien, no tenemos que defendernos de Sergio, él nos ama y no nos abandona"; incluso de manera adulta pidamos que esté más presente, que te haría muy bien un abrazo y su interés. Si lo manifestamos tranquilas desde una petición adulta, seguro que su parte adulta escuchará; en cambio, si se lo pedimos como niña berrinchuda, el niño de Sergio escuchará y se cerrará.

No acomodes, justifiques o consueles antes de sentir, deja fluir lo que sientes; acomodar mentalmente antes de sentir es como tender la cama con todas las sábanas hechas bolas. Una vez desahogada, la adulta hará su trabajo, como una madre que te explica y habla con tu yo vulnerable. Esto pasa una y otra vez hasta que la expresión del dolor madura y sientes menos esos momentos de fragilidad.

Para facilitar este diálogo y esta conexión, busca una foto de los primeros siete años de tu vida y ponla en tu cartera para tenerla presente un tiempo. También puedes comprar una muñequita que se parezca a ti o con la que te sientas identificada, que represente al yo vulnerable con quien mantengas diálogos y puedas abrazar. Darle voz a la niña herida no es asunto de un día ni de un ejercicio, es como una herida en la piel, que poco a poco sanamos y cuando te duela, mantener un diálogo, mirarla, conmoverte contigo misma, ver tu dolor y ser empática con ello. No es decirle: ¡hay ya estoy sintiendo mi abandono!, y descalificarte y enojarte por eso: "Aquí estás, te veo, te siento, te acepto y escucho que tienes miedo, que te duele, te amo y sé que aún estás ahí, que estarás conmigo recordándome que no puedo dejar de mirarme, que hay cosas que aprender de este dolor, he aprendido algunas pero aún faltan y estoy en paz con eso. Sé que eres la mensajera de mis trabajos internos en esta vida y uno de ellos es no olvidar que soy valiosa, que tengo sueños propios, vida propia, que soy fuerte y también frágil y eso está bien, me equivoco y hago cosas para que me quieran. Así es hoy, estoy en paz con mi necesidad de ser querida y cada vez intento hacer cosas desde otro lugar más libre. Estás aquí y eres yo misma, sé que no te irás aún, porque si te vas no recordaré que debo trabajar en mí. Te recibo con total aceptación y te abrazo, estamos bien, yo estoy aquí, te cuido y tú eres infinitamente amada por mí, estamos a salvo."

6

Elijo ser mi propia ma-pa (madre-padre de mí misma)

Hoy la responsabilidad de sanarte y llenar tus hambres ya no es responsabilidad de nadie, es sólo tu camino. Existen muchos recursos en la adulta para satisfacer todo lo que necesita y acompañarse a crecer.

Ser tu propia ma-pa es crear en la vida las circunstancias, las personas y las realidades que cubran tus necesidades económicas, afectivas, de relación y aprendizaje. La vida, conforme la descubre la adulta con más fuerza, observa que es profundamente abundante, la vida está llena de todo lo necesario de manera sana y al convertirte cada vez en una adulta en tu vida soltando la infancia y ayudándote a sanar día a día como un proceso de cambio constante, una vez que uno abre la puerta de la sanación y el crecimiento, nunca se cierra; al contrario, se abre cada vez con mucho más claridad ante tus ojos, tus verdades y de la vida, y resulta ser el camino donde uno en verdad vive.

Tomar una terapia, buscar un camino de crecimiento, recibir las herramientas que la vida pone a nuestra disposición es muy importante; parece que estamos en un tiempo donde sólo hay que crecer y en verdad dar un salto, transformarnos y ayudar a otros a transformarse porque es verdad que con tu ejemplo, congruencia y capacidad de cambio creas un eco, una luz y una referencia para muchos otros que vienen caminando.

Convertirte en tu ma-pa (madre-padre de ti misma) es el único camino a la adultez y a la felicidad, porque dejarás la vida pasiva y sanarás mediante las relaciones con tu presente, lo que quebró las relaciones de tu pasado. Ninguna sana sola, aislada; sanamos en relación y hoy es el reto: un proceso que te permita aprender nuevas y mejores formas de relación con los demás.

Así que después de realizar los ejercicios de la niña herida, estás preparada para esta carta. Te recomiendo no redactarla si no has vivido el proceso con todos los ejercicios; todo es un proceso y la idea es que sea en verdad profundo sin bloquear un proceso que aún no estás preparada para vivir. Una vez que expreses lo que se quedó inconcluso con tus padres, hayas creado la bóveda con tu niña y te conectes con sus necesidades, cerraremos este trabajo escribiendo tres cartas: una a tu padre, otra a tu madre y una más a ti misma.

Cartas del perdón

El perdón es recuperar el poder ante la situación vivida y soltar el enojo con la persona que lo propició. Perdonar es tomar las riendas de ese dolor y sanar; no justificas lo que hicieron, que dirás "te perdono", y vuelvas a confiar en ellos; no, perdonar es una forma de decir, "tomo este dolor como mío y trabajo con esto", sin guardarte más resentimiento. Tomo lo mío, lo demás queda en manos de Dios.

Perdonar es soltar y que eso no siga clavado en tu corazón, es hacer un ejercicio merecido de limpieza y mantenimiento interior. Hay muchas cosas que perdonar, muchas cosas que perdonarnos, que hemos permitido; todo lo generado, las personas que nos lastimaron y les dimos poder para hacerlo. Escribir la carta de perdón a los padres y a ti misma es un camino de limpieza, para andar más ligera, tomando la responsabilidad de tu vida.

Perdonar es una elección, es un plan de mantenimiento interior para quitar peso al alma. Confía en que la vida se encarga, la ley de reciprocidad se encarga de que aprendamos de los errores y los actos que cometemos y aunque a una persona parece que no le pasa nada con lo que hace, eso no es real: cosechamos lo que sembramos y tarde o temprano nos cobrarán la factura de lo que hacemos, eso ya es matemática de la vida y no es nuestro trabajo ver si las personas pagan o no. Hay que confiar en que todo es como debe de ser, si te duele será una lección para ti, hay un aprendizaje con dedicatoria a ti misma. Camina confiando más en Dios y en la propia sabiduría del universo.

Hay un tiempo en que estamos preparados para perdonar, sobre todo cuando vemos la oportunidad de crecimiento y la propia responsabilidad ante la circunstancia. No importa si de niño no tuviste responsabilidad, ahora la tienes con lo que haces. Una vez que entiendes tu parte, puedes soltar y dejar de cargar a los que te dañaron porque sólo limitan tu proceso de crecimiento: si no los perdonamos dejamos nuestro poder en ellos. Nuestra verdadera libertad es la elección de cómo quieres vivir lo que te está pasando, hay circunstancias que no dependen de ti, tu libertad consiste en elegir cómo vivirlas.

Este ejercicio es muy liberador, hace que tu camino sea más ligero. No olvides que no significa que con la carta todo está resuelto, es un ejercicio de cierre que después debes sostener con actos y no sembrar dolor innecesario. Cada ves que quieras enojarte y pensar en el "por mi culpa" o "por tu culpa", cambia la idea y recuerda que hoy no quieres sembrar enojo y pensamientos negativos que te envenenan.

Ejemplo de carta

Hoy, yo, Anamar Orihuela Rico, elijo desde la mayor consciencia que tengo y desde mi parte adulta perdonarme a mí misma por todas las elecciones que me han lastimado, por ponerme ante circunstancias que me dañaron y no poner límites a las personas a quienes di poder para lastimarme. Me perdono por todas las veces que no cumplí lo dicho y por todo mi miedo de vivir y ser feliz. Me perdono por no tener la capacidad de construir algo mejor y estar muy enojada con la vida. Me perdono por no haber querido ver la realidad y engañarme tantas veces viendo sólo lo que quería ver. Me perdono por lastimar a las personas que más quiero y por permitir que los lastimaran. Hoy, y con el corazón en la mano, Dios y mi alma presentes, me perdono y tomo el control de mi vida como una nueva oportunidad, un nuevo renacer.

Una vez que redactes tu propia carta, ponle todo lo que quieres perdonarte y que hoy te lastima. Imagina que éste es un nuevo comienzo y todo lo que pones en esta carta será como un regalo de

169

Dios y la vida. Una vez terminada, sintiendo lo que la carta despierte, deja que este pacto se selle con la emoción que despierta; lee la carta en voz alta y después la quemas en un lugar al aire libre, donde se consuma mientras tú hablas en voz alta y dices: "Esto que hoy se quema se va de mi interior y me dispongo a un nuevo comienzo conmigo misma más ligera y feliz."

Quema las tres cartas una por una. En cada una di palabras de soltar, cerrar y despedir esto de tu vida. Después respira y siente los efectos de lo vivido, da espacio para registrarlo en el corazón, ponte en posición cómoda y abrázate. Cruza los brazos o pon la mano derecha en tu pecho y quédate contigo unos minutos; cuando lo creas necesario, respira profundo y agradece la compañía del amor y la luz divina presentes durante este ejercicio.

Con el perdón terminamos el capítulo de la niña herida. Lo siguiente es un llamado a tu adulta, la posibilidad de trabajar en un camino de sanación de la confianza, de límites ante la violencia, de transformación del autoconcepto y de los pasos del día a día para sanar.

CAPÍTULO

7

¿Cómo volver a confiar?

Si me abstengo de entrometerme los demás cuidan de sí mismos.
Si me abstengo de ordenar a los demás, ellos se gobiernan a sí mismos.
Si me abstengo de predicar, los demás avanzan por sí solos.
Si me abstengo de imponer mi voluntad, los demás
se convierten en ellos mismos.
Lao-tsé.

Como hablamos en el capítulo de la niña traicionada, hay experiencias que quiebran tu confianza y se convierten en una forma de vida. El quiebre de tu confianza pudo ocurrir en la infancia o en el momento presente. Cuando no sanamos, el dolor es como un imán que atrae esas mismas experiencias para cerrarlas. En el trabajo con la traición o la pérdida de la confianza, muchas veces tu confianza se quebró, confirmando que no hay que creer en nadie. Así es como adquiere fuerza y poder esta experiencia, con la traición experimentada con nuestros padres en la infancia.

En este capítulo veremos cómo a partir de ti misma reconstruirás tu confianza y lo que se rompió tantas veces y te dejó herida y desconfiada.

Primero que nada debes saber que el trabajo con la confianza es un tema de vida. Venimos a sanar ese dolor, aprender a confiar y, en ese sentido, no eres víctima del padre que te abandonó o engañó a tu mamá o de las diferentes circunstancias que rompieron tu confianza. Estas experiencias se relacionan con tu lección de vida. Para ti siempre será un reto y un aprendizaje establecer un equilibrio entre confiar y permanecer alerta.

173

Confiar en una persona conlleva una responsabilidad, no se trata de creer en todo mundo. Confiar es una elección y una responsabilidad para quien la otorga; yo te pregunto, ¿en quién has confiado que defraudó tu confianza? ¿Cuántas veces comprobaste que esa persona era confiable? Recuerdo a una paciente muy enojada con una amiga que le había robado un reloj. Yo me pregunto, ¿qué *casting* hacemos con nuestras amistades? ¿Ponemos a prueba a la gente antes de confiar? O, simplemente, confío y después me traicionan. Este puede ser parte de un juego para confirmar que los demás no son confiables, soltar la responsabilidad de en quién confío. Solemos entregarnos a alguien que no lo merece, es una manera inconsciente de confirmar que no se puede confiar en nadie.

También otorgamos confianza para que los demás se hagan cargo de tus responsabilidades. Por ejemplo: llevo tiempo con un asunto pendiente o este problema y sólo quiero que alguien lo resuelva, así que confío en ti para que lo hagas y, desde la impaciencia y la ansiedad de que alguien lo solucione, lo suelto a cualquiera. De seguro terminaré sintiéndome traicionada porque no resultó como yo pensaba, cuando en realidad lo único que deseaba era librarme de mi responsabilidad.

Pongo mi confianza en ti para que te hagas cargo de mis expectativas, de mis sueños, de mi felicidad, de mi necesidad de estabilidad, de todo esto que no sé cómo resolver y me urge que alguien se haga cargo. Entonces, pongo toda mi confianza en ti. De esta forma suelto la responsabilidad de mi vida porque no sé cómo o no quiero resolverlo yo. Esa posición me hace soltar y poner en manos del otro algo que no le corresponde; claro, después me siento traicionada porque no soy feliz, pero eso siempre pasará si no te haces responsable de ti.

Angélica, 36 años

Me siento llena de frustración y enojo. Confié plenamente en mi esposo, en que siempre me sería fiel, siempre estaría conmigo y nunca dudaba de su lealtad, y ayer revisé su computadora y vi unas fotos de un viaje de trabajo donde se fue con una chica que trabaja con él. Las fotos eran de un lugar donde atrás había una cama, ella estaba en sus piernas muy sonriente. Me siento la más estúpida, la más herida, me vio la cara todo este tiempo, es un hipócrita y un maldito mentiroso.

Cuando tienes herida de traición, leer esto podría generar una re-acción en tu cuerpo y tus emociones. ¿Lo sentiste?, aparentemente ésta es una traición muy clara y Angélica desde esta posición lo corrió de su casa, terminó con su matrimonio, estaba furiosa y llena de ira. Después de toda esa rabieta destructiva, ya más en paz, en trabajo terapéutico vimos lo siguiente.

Ella llevaba tiempo depositando en él toda la responsabilidad de la manutención de la casa. Era pasiva y quería que él la mantuviera, se embarazó para evadir la responsabilidad de salir al mundo y apo-yar con los gastos. Él no estaba muy de acuerdo en que ella dejara de trabajar, pero no le quedaba de otra, ya tenían cuatro hijos y ella cada vez estaba más limitada para dejarlos. Hacía tiempo que la carga de los hijos y lo pesado del hogar la tenían abandonada a sí misma y descuidada, había subido de peso y no se arreglaba casi nunca. La relación con su esposo eran demandas y exigencias, discutían todo el tiempo. Todo esto pasaba antes de que el esposo anduviera con la mujer de la foto. ¿Esto justifica que el esposo le sea infiel? No, la responsabilidad de buscar esa fuga, esa forma de salirse o traicionar es responsabilidad de él. Podría ser más ho-nesto y valiente, resolverlo de otra forma antes de ser infiel, pero el quiebre de la relación no fue a partir de esta infidelidad, no se puede atribuir toda la responsabilidad a que él se fue de viaje con la secretaria.

Lo que sucedió fue una co-construcción, porque quizá el espo-so de Angélica buscó el escape con alguien más, pero ella también tenía el propio escape con sus hijos y en el abandono de sí misma. Muchas mujeres que viven esta experiencia se sienten las grandes víctimas, heridas, traicionadas y buscan vengarse de su esposo o cargarlo con la responsabilidad de todo, cuando el problema de raíz era algo que construyeron ambos.

He observado que muchos hombres suelen tener esa forma de salirse de una relación que ya no les satisface. Algunos hombres, lejos de hablarlo con madurez, cambiarlo o terminar la relación, buscan otra mujer como una forma de huida. Cuando llegas al punto donde estás con alguien más, la relación para ti ya no importa o el vacío y la necesidad son muy fuertes.

Desde la inmadurez y la posición del niño herido todos construimos formas adictivas de dolor que nunca cambiarán si no trabajamos con ellas; creamos relaciones de pareja tan disfuncionales y llenas de enojo y proyección de todas nuestras hambres no resueltas que, de verdad, esas relaciones lejos de sanarnos y vivir con un compañero de vida el autodescubrimiento y experimentar la ternura y el afecto que tanto nos hizo falta, volvemos a reproducir desde la inconsciencia lo mismo. El niño herido no construye afecto sino la misma realidad desde el dolor y la carencia, así que si no nos hacemos cargo de esta parte, siempre gobernará todas nuestras relaciones.

Si tú has pasado por la experiencia de la traición pregúntate:

- ¿Qué se rompió antes de la traición?
- ¿Traicioné de algún modo esta relación?
- ¿Qué relación tiene la infidelidad y la traición con mi infancia?

Puedes ser infiel cuando dejas de pensar en él, cuando te centras en tus hijos o en ti misma y en tus proyectos: ¿Cómo se rompió el acuerdo de quererte y cuidarte? ¿Cómo se fue creando el espacio en esta relación donde pudo entrar alguien más? Nos cuesta mucho aceptar que hay aspectos enfermos en la relación donde alguien decide salir y buscar alguien más.

Todos tenemos maneras de evadir la propia responsabilidad, qué mejor pretexto de culpar al otro de todas tus desgracias. Qué doloroso es para una mujer no darse cuenta de su parte y de cómo ella construye junto con su esposo una relación donde se perdió la intimidad, la honestidad, la complicidad, la alegría, los espacios de novios, de amantes, esos momentos de aventura, de novedad, donde todo se vuelve rutinario y aburrido.

No digo que detrás de una infidelidad haya siempre esto, pero sí hay que preguntarnos si esta realidad se crea con la falta de conexión de ambos y si la inercia fue devorando la parte real e íntima que vivían; hay que preguntarse, ¿cuál es tu parte?, porque si no miramos cómo construimos esta realidad, nunca aprendemos ni crecemos.

No es una buena decisión entregar al otro la responsabilidad de tu bienestar, estabilidad, felicidad, economía porque esta actitud pasiva hace que el otro sienta este abuso, esa forma en que nos subimos en él para que nos lleve y al final esto hace que nos carguen y a sentirse enojados por eso.

Cuando tenemos herida de traición por un lado solemos ser desconfiadas, y por el otro, soltar toda la "confianza" —que es más bien la responsabilidad— al otro para que lo resuelva y asumir un papel pasivo; o confiar justamente en personas que defraudan nuestra confianza. No podemos soltar la responsabilidad de nuestra salud física, emocional, mental, espiritual, de nuestras decisiones, de nuestros actos, de nuestros miedos y limitaciones, de nuestro dolor, de ser felices, de descubrir nuestros dones, conocernos, cuidarnos y propiciar personas y experiencias nutritivas; de nuestra economía, de lo que decimos, sentimos y hacemos, hay muchas cosas que no dependen de nosotras, pero éstas sí, todas son nuestra responsabilidad y no soltarlas, trabajar por hacernos responsables de esto, ayudará a restituir tu confianza.

Las heridas de abandono y traición por momentos despiertan mucha angustia y ansiedad. Tienes actividades compulsivas, como el trabajo, la comida, el cigarro, pensar mal. Vives dependiente, con miedos y actitudes fuera de control como desesperación y enojo. No sabes cómo soltar o dejar de hacer lo que haces, emociones muy dispares o cambios emocionales muy fuertes, casi una adicción: a controlar, a estar angustiado, siempre alerta, listo a resolver todo, a la angustia de que algo pase, al enojo de que las cosas no son como quieres; comes con prisa o con angustia, no tienes tiempo que perder, siempre estás alterado; cuando manejas eres impulsivo, desesperado, agresivo, (es la herida de "la borrachera seca", muy común en hijos de padres alcohólicos), y ahora tienes actitudes compulsivas y no sabes estar en paz.

Sé que enterarte de que muchas actitudes son compulsivas y adictivas puede ser duro, difícil de aceptar, pero pregúntate: ¿qué tan fácil es para ti soltar y permitir que las situaciones o personas sean como son? ¿Qué tan fácil es estar en paz, disfrutar el presente sin el miedo o la necesidad de pensar en lo que vendrá? ¿Qué tan fácil es para ti vivir en paz y tranquilidad interior y no estar siempre enojado, angustiado, apresurado? ¿Qué tanto duermes con la quijada apretada, comes con rapidez, estás siempre tenso de la espalda o todo el cuerpo? Seguramente, si eres consciente de ti, sabrás que así vives y no es nada fácil, es como estar en guerra interior, nada es suficiente para sentirte confiado y en paz. Porque una adicción también es una dependencia a una actividad, a una emoción, a un hábito que no controlas, que es compulsivo y afecta tu calidad de vida.

Trabajar con todas estas compulsiones es complejo, es un proceso, así que no pretendas dejar de hacerlo mañana. Lo que intentamos es que vivas este control desde la parte positiva y cambiar actitudes que hacen tu angustia más grande.

Ganar confianza es sembrar en ti una forma de estar en paz con la vida. Te sientes en paz contigo, sabes que estás a salvo porque respondes por ti, es ver que la batalla terminó, que tienes otras herramientas para responder en paz, darte cuenta cúando hay que soltar y permitir que las cosas sean como son; es vivir con menos angustia, menos miedo a que te traicionen o lastimen; es no tener la imperiosa necesidad de que las cosas sean como dices, es hacer lo que dependa de ti y no controlar lo que depende de otros, esto hará tu vida más ligera y con menos estrés.

Lo primero que debemos trabajar son las cuatro fuentes de confianza en ti.

- Lo que pensamos.
- Lo que decimos.
- Lo que necesitamos.
- Lo que hacemos.

1. Lo que pensamos

Primero debemos trabajar con nuestros pensamientos, con los hábitos de nuestra mente, la cual siempre está alerta, en guerra e hipervigilancia; o con ideas de que algo va a pasar, o la angustia de todo lo que debes hacer después de…, todo el tiempo en el futuro y con prisa. En ocasiones, hasta despertar con dolor de cabeza o no poder dormir por esas cosas que te obsesionan.

Nuestra mente crea las realidades que vivimos, y desde la sobreviviente puede estar habituada a generar pensamientos de crítica, de juicio, a interpretar los actos de manera negativa, de comprobar si te mienten, dudar de todo, quedarte mucho tiempo pensando en las cosas que te lastiman, te enojan, y vuelta y vuelta y vuelta, de tal manera que esos pensamientos generan una actitud de defensa hacia los otros.

Dirigir la mente es una tarea titánica. La verdad, requiere mucha disciplina y voluntad; dirigir tu mente o educarla para cambiarle el chip y se habitúe a tener un enfoque distinto de las cosas, es un reto; lo primero es ser consciente de qué piensas, cuál es la tendencia de tiene tu mente, qué hábitos, en qué momentos, cuáles son los pensamientos que en general pasan por tu cabeza, etcétera.

Gautama Budha enseñaba a sus discípulos el poder de la mente, en El Dhammapada. Donde sus discípulos escriben algunas de sus enseñanzas se lee este verso:

Somos lo que pensamos,
todo lo que somos surge de nuestros
pensamientos,
con nuestros pensamientos
hacemos el mundo.
(Budha)

Lo que somos es creado primero en la mente, hablando de la confianza es muy importante, porque nuestra mente tiene hábitos de juicio, crítica, interpretar mal, defensa, descalificación, quedarse con lo malo, pensar que algo malo pasará. Y estos hábitos adquiridos mediante experiencias en que nuestra confianza es traicionada. Todo esto gesta una mente alerta que atrae realidades para confirmar que debemos defendernos y pensar mal.

No ser consciente de nuestros pensamientos es vivir supeditado a lo que construya tu mente, muchas veces descontrolada y habituada a lo negativo. La mente no puede gobernarnos, debe gobernar nuestra adulta consciente que es más que sólo la mente, la mente es como una máquina que reproduce, la adulta es una conciencia. Hay que conocer nuestra mente, guiarla, ayudarla a cambiar hábitos, dirigirla y nutrirla de buenas ideas. La mente es la máquina, la inteligencia es la adulta.

Ejercicio para conocer tus pensamientos
En tres momentos de tus actividades para unos segundos y pon atención a tus pensamientos, pregúntate lo siguiente:
- ¿Qué estoy pensando?
- ¿Estos pensamientos siembran confianza o desconfianza en mí?

Hacernos conscientes de los hábitos de nuestra mente es muy revelador y un primer paso fundamental en el trabajo de la confianza porque es ahí donde inicia. Espero que realices este ejercicio durante una semana y después lo hagas en diferentes momentos donde registres tus pensamientos.

Elisa, 26 años

Jamás puse atención a mis pensamientos, no me hubiera imaginado que todo el tiempo mi mente piensa negativo. Es como si interpretara que los demás no me quieren, abusan de mí, no me valoran y desean descalificarme; o me enjuician y quieren hacerme menos o agredirme. ¿Cómo he vivido así tantos años? Con razón estoy enojada y a la defensiva la mayoría del tiempo.

Sor Juana hablaba de la mente como "la loca de la casa", y de verdad es totalmente descontrolada. Intenta no pensar en una flor amarilla, a nuestra mente le importa muy poco, hace lo que quiere, va donde quiere y, como verás, no está lo suficientemente fortalecida para gobernar nuestra vida; pero a partir de lo que se gesta en la mente se crean las realidades que vivimos.

La meditación como hábito sanador

La meditación es una disciplina que trae múltiples beneficios, sobre todo en términos de dirigir tus pensamientos y conocerlos, bajar el acelere y el estrés, concentrarse y dirigir tu atención en una sola cosa, estar presente aquí y ahora, tomar conciencia de ti y estar contigo. Ése es el objetivo de meditar, que en nuestro camino de sanación será fundamental.

Practica la siguiente meditación mínimo diez minutos al día y verás que si eres disciplinada se convertirá en un momento de paz y salud en muchos sentidos. Para ejercitar la confianza hay que meditar y ganar terreno en dirigir nuestros pensamientos a un cambio de hábito más positivo y elegido por ti: meditar es un camino para fortalecer a tu adulta.

Para meditar debemos poner siempre la espalda recta, en posición de flor de loto o en la orilla de una silla con los dos pies afirmados sobre el piso, muy atenta a tu respiración e intentando no engancharte con ningún pensamiento. Esto se dice fácil, pero es una pequeña guerra, sobre todo al inicio. Debemos hacer que los pensamientos se vayan, batearlos sin pelea, no quedarte con ninguno, sólo darte cuenta de que estás pensando y dejar que se vayan. Puedes contar del uno al diez o repetir, pensando, pensando, pensando y con eso soltar o imaginar una figura geométrica y centrar tu atención en ella.

Pon atención a tu respiración, inhala y exhala conscientemente. Toda la meditación mantén alerta tu respiración. O concentrarte en una imagen que te inspire, una flor, una forma geométrica, una imagen como la luna; sólo haz que tu mente se concentre en esa imagen y no piense en lo que quiere, y cuando aparezca un pensamiento haz que se vaya y concentrate en el objeto.

Conforme pase el tiempo verás que te equilibra, te da centro, paz, conexión contigo, baja tu acelere y ya no querrás dejar de hacerlo; será como cuando estás acostumbrada a hacer ejercicio, si dejas de hacerlo el cuerpo lo extraña, así es la meditación, como un músculo que se ejercita y adquiere fuerza. Al principio no será nada fácil, pero conforme te acostumbres lo disfrutarás mucho y te ayudará a dirigir tu mente y poner en paz a la loca de la casa.

Ahora que conoces tus pensamientos y los diriges con disciplina nútrelos con buenas ideas, constructivas e inspiradoras como agradecimiento, esperanza, bien, ideales creativos, sueños, ideas que te inspiren y abran tu mundo para ver más, que te conmuevan y hagan sonreír, que te lleven a soñar y a crear realidades mejores en tu mente.

Ten cuidado con lo que alimentas tu mente. Este mundo, las noticias, las novelas, los chismes, llenan nuestra mente de violencia, miedo, frustración e incertidumbre. Sé consciente de que no todo lo que entre a tu mente sea basura, que la siga poniendo en defensa. Piensa en cosas nutritivas y dirige tus pensamientos hacia algo constructivo. Los programas de televisión están llenos de violencia que condicionan tu mente de modo negativo.

Otra forma de meter basura a tu mente y fomentar la desconfianza es la crítica, enjuiciar a las personas o a ti mismo, tener amistades o estar con personas cuya actividad siempre sea la crítica y el juicio, la queja. Eso ensucia la mente, es como tirar basura hacia dentro. Hay que poner un límite o alejarse de las personas que todo el tiempo se quejan y critican a todos. Eso es muy contaminante, las ideas se reproducen y se contagian, nunca recuperarás tu confianza si eres una criticona en potencia y siempre encuentras lo malo o descalificas a los otros.

Criticar es crear una atmósfera de negatividad y violencia, no sólo contra quienes criticas, sino contra de ti misma porque alimentas tu mente con ideas que te impactan de modo negativo. Si tú las produces, a ti te contaminan, no hay más. Si fomentas una actitud crítica, a ti te lastima porque después pensarás que los otros también lo hacen contigo y creas atmósferas energéticas negativas que se quedan contigo y se reproducen. Si tú lo haces con otros, ¿cómo no pensar que otros lo hacen contigo?, así fomentas una vida atenta sólo al error de los otros en vez de aprender de lo bueno y ayudar a tu mente a enfocar distinto. El juicio llena de basura el corazón. Di no al juicio por amor a ti y por compasión a los otros.

> "Comienza a enjuiciar a alguien y lo dejarás de amar,
> la crítica mata el amor"

Nuestra mente se alimenta de las personas con las que compartimos, las ideas que leemos, las imágenes que llegan a nuestros ojos, la música que escuchamos. Hay veces que nos la pasamos escuchando música de traición y despecho, eso también alimenta tu mente y recuerda, somos lo que pensamos. Elegir mejores alimentos es tarea de la adulta consciente que quiere mejores cosas para sí misma porque merece crear mejores realidades. Esto será una disciplina de todos los días, pero es la mejor inversión de tu vida.

Conocer tu mente, ganar fuerza para dirigirla y nutrirla día a día será un trabajo que te ayudará muchísimo en el proceso de restituir la confianza: es una manera de unión, hay que trabajar con esta mente separatista, descalificadora, que duda y compite, crea una experiencia de defensa y falta de confianza.

Una mente enfocada en lo negativo es normal cuando has crecido sintiendo que el mundo está mal y defendiéndote de todo. Sin embargo, ha llegado el momento de que este enfoque en algunos ámbitos de tu vida no aplica, principalmente en los relacionados con vivir el amor. Nunca amarás a nadie si no confías en él. Debemos aprender a confiar, recuerda que nos referimos a una forma de confianza interior en que no estás sola y la vida te dará lo que necesitas para ser feliz.

2. Lo que decimos

Factor esencial para recuperar tu confianza. Lo que decimos, nuestras palabras, crean formas. Expresar lanza una energía que se regresa y tiene mucha relevancia, por ello debemos ser muy responsables en cómo usamos las palabras.

Es muy común comprometerse a una cosa y hacer otra. Hoy es muy común decir te quiero y hacer todo lo contrario. Hoy es muy común hablar, hablar, hablar y no cumplir, esto crea las fuentes más destructivas de incertidumbre y dolor. Lo que más nos duele es que las personas prometan algo y no cumplan. ¿Pero qué pasa cuando somos nosotros los que quedamos en tantas cosas que no cumplimos, sobre todo a nosotros mismos? Voy a cambiar, voy a hacer ejercicio, voy a dejar de hacer esto y al final no lo hago. Eso quiebra tu confianza todo el tiempo y te enoja contigo.

Tu palabra es ley. Debería ser así. La primera gran lealtad es con lo que deseas hacer, no debes hacer nada que no desees ni comprometerte con nada, pero si lo haces y rompes tu compromiso, lastimas tu confianza en ti y la que otros depositan en ti. A las personas que tienen la herida de traición les cuesta cumplir su palabra o son muy rígidos y quieren que todos cumplan de forma impecable lo que dicen, y eso no siempre es posible. Todos deberíamos generar confianza con nuestros compromisos, eso sería muy bueno, pero es algo que no puedes controlar ni cambiar; así, lo único que puedes hacer es lo que depende de ti, cumplir con tu palabra sí depende de ti. Debemos cumplir lo que prometemos, ser muy conscientes a la hora de elegir lo que haremos y si cumpliremos lo prometido. No se trata de comodidad, si tienes ganas, si tienes tiempo, si no hay nada mejor, si me acomoda, si nace el día con sol; no depende de la circunstancia, si diste tu palabra, cumple, esto te enseñará a sembrar confianza interior.

"Lo que le haces a otros te lo haces a ti mismo", Budha.

Al iniciar uno de mis Diplomados de Autoestima, se acercó a mí una alumna y me dijo: "Voy a terminar este curso porque cuando yo digo algo lo cumplo." Me encanta escuchar esas palabras, pero más sanador fue ver que en verdad cumplió, hizo un esfuerzo por ser consistente y terminar el año y medio. Esos actos hacen que todos recuperemos la confianza.

Antes de pensar qué vas a decir y a qué te comprometes, hay que renunciar al deseo de ser la buena, la que todo lo sabe, la que todo lo puede, la querida y aceptada, porque mucho de lo que pasa es que en este afán de ser supermujer te llenas de mil cosas que después te cuesta trabajo cumplir o dices que sí a todo y no cumples. Ello crea una imagen poco confiable de ti en los otros.

Las personas que dicen una cosa y son impredecibles, que hoy sí quieren pero mañana ya no, que no tienen palabra, crean vidas tan inconsistentes que provocan en su entorno miedo, que sus hijos crezcan inestables, aprendan a defraudar su palabra y a que siempre haya incertidumbre y falta de orden. Piensa en personas que conozcas que

185

suelan decir que harán cosas que nunca cumplen, simplemente no se puede contar con ellos o hay mucha inestabilidad en su entorno.

¿Cómo sería un mundo, una familia, una pareja, donde tengas la seguridad de que todos cumplirán su palabra? ¿Te gustaría? Sería muy sanador. Te propongo que empecemos nosotras mismas por respetarla ante todo. Cumplir tu palabra haría todo tu entorno más seguro, ver que otros son confiables nos sana a todos, sostener nuestros compromisos otorga una gran fuente de seguridad que debemos cuidar y comprometernos con dejar de decir tantas cosas que no vamos a cumplir. Porque eso nos lastima a nosotros y a las personas que confían en nosotros.

"Si lo digo lo cumplo, mi palabra vale oro para mí."

Te reto a que durante una semana cumplas cabalmente tu palabra, llegues a tiempo, hagas todo lo que dices que harás, seas leal contigo misma y verás al final de la semana cómo tu nivel de paz y confianza aumenta. Haz la prueba, sólo vívelo siete días y sentirás los grandes beneficios de la congruencia, sin saturarte y haciendo las cosas en paz.

Ejercicio:
Observa desde dónde haces compromisos.
Desde el miedo, la necesidad de ser querida, demostrar que puedes, que vales, por control o reconocimiento, por autoexigencia, por ser buena o miedo a decir no, porque no te queda de otra…

Observa desde qué parte de ti te comprometes y acepta si es una manera sana de elegir hacer cosas, porque muchas veces faltamos también a nuestra palabra porque en el fondo no queremos hacerlas y por alguno de estos venenos nos comprometemos y no cumplimos. Por eso es importante elegir lo que haremos de modo consciente. Darte un tiempo para pensar si quieres, puedes y lo eliges, es un compromiso; sé que suena moral pero es verdad, nuestra confianza se quiebra por personas que no cumplieron con lo que les tocaba. No hagamos lo mismo porque siembra lo mismo: quiebra la confianza en ti y los otros. Tampoco debemos caer en el error de no tener compromisos por miedo a no cumplir, no, los compromisos nos hacen crecer, sólo hay que elegirlos con más conciencia y dejar de intentar cosas que no deseamos hacer.

3. Lo que necesitamos

Cuando satisfacemos nuestras necesidades en todos los sentidos, somos conscientes de ellas y les damos valor, un lugar en la vida, trabajamos la confianza.

Perdemos la confianza cuando resolvemos los problemas de todo mundo excepto los nuestros, hacemos cosas que no queremos o no deberíamos hacer, cuando no escuchamos nuestras propias exigencias y les damos largas y largas porque importamos poco, hay otras prioridades. Cuando eres capaz de aguantarte hasta de tomar agua, ir al baño, comer, dormir, porque hay deberes que cumplir, eso te hace muy poco confiable para ti misma.

Recuerdo a una paciente con muchos valores positivos, era voluntariosa, buena líder, determinada, confiable en su palabra, pero supersevera consigo misma. Era inquisidora, dormía poco, pasaba horas de ayuno, cero compasión con sus necesidades, su filosofía era la de no permitirse ser frágil y cumplir su deber. Siempre estaba enojada, era intolerante, para mí era claro que ser tan severa consigo misma la enfermaría, que hay que ser compasivas con nuestras necesidades, o ser nutritivas con nosotras mismas, porque si no el cuerpo también pasa factura. Ella vivió un proceso muy fuerte de cáncer de mama, yo me pregunto, ¿qué tanto tenía que ver con su posición poco nutricia consigo misma?

Lo que sentimos es muy importante, cuando nos damos lo que necesitamos nos mostramos que somos importantes, tenemos derecho a satisfacer nuestras necesidades y que también son importantes los momentos de paz, de gozo y descanso, de no hacer nada, de divino ocio. Nos cuesta trabajo disfrutar, estamos tan habituados a vivir estresados, angustiados y acelerados que a la hora de propiciar esos espacios de dejar todo y disponerte a disfrutar, cuesta mucho desconectarte y entregarte al disfrute, al placer.

Tampoco se trata de ser permisivos y poner nuestras necesidades ante todo, egocéntricos y vanidosos, ese extremo tampoco es bueno. La actitud de sí quiero, sí me gusta, sí me acomoda, sí tengo ganas, sólo pensando en mí, engorda mucho el ego negativo y después ya nada puede hacer que te muevas por los demás. Es como darle a un niño todo lo que quiere, haces un monstruito de demandas y exigencias. No, esa no es la idea, también hay muchas cosas que debemos hacer por cumplir con ello aunque no tengamos tantas ganas: nos estira, nos abre, nos enseña cosas nuevas y nos vence, hace al cuerpo y a la mente ligeros y dispuestos, pero esto debe ser un equilibrio, ni tanta rigidez ni tanta complacencia. Hay cosas que a veces no tenemos ganas de hacer, pero que por palabra empeñada o deber hay que hacer y está bien, eso nos hace aprender cosas nuevas y vencer la complacencia. Hacernos cargo de lo que necesitamos es mirar y resolver nuestras limitaciones, deseos, anhelos, dolores y miedos, nuestra necesidad de autoestima y afectiva. Sé una buena madre-padre de ti misma que escucha las necesidades y no las olvida ni se hace de la vista gorda; escucha, da lugar, atiende y resuelve esas necesidades de manera nutritiva y amorosa.

Cuando pasas por alto tus necesidades, te sientes como si estuvieras sola y desamparada, y con la necesidad de que alguien llene todos tus vacíos porque no estás a salvo de ti misma. Si eres la primera en ignorar tus necesidades, entonces una parte de ti escucha muy bien y pide a gritos alguien que las cubra porque no hay adulto o padre nutritivo interno que las resuelva, creando mucha inseguridad. Cuando somos adultas podemos y debemos resolver nuestras necesidades con paz. Es un placer ver qué necesitas y lograrlo, qué paz genera eso en ti.

Cuando satisfacemos nuestras necesidades nos decimos a nosotras mismas: "No hay nada que temer, yo estoy aquí para cubrir tus necesidades y no pasaré de largo ante ellas."

Emilia, 63 años

Siempre tuve un padre que me daba todo y me cuidaba, y después un esposo que hacía lo mismo. Mi esposo fue muy protector, me resolvía todo. Cuando Joel murió yo no sabía ni dónde estaban los papeles importantes. Empezar a esta edad es muy duro, sufrí mucho tiempo y me sentía enojada con Dios porque no me había llevado a mí, si él era quien sabía manejar la vida. Yo no sabía nada. Empecé a aprender a cubrir mis necesidades, me pregunté qué quería. Mi hijo vivía lejos y sólo estaba yo ante la responsabilidad de mí misma que hacía años no escuchaba. Ahora lo digo fácil, pero me costó sangre y lágrimas aprender a escucharme y cubrir mis necesidades, hasta de lo que quiero comer ese día, él siempre elegía eso también.

> "Por suerte no existe el hombre que cubra todas tus necesidades."

Nunca es tarde para empezar a cubrir tus necesidades ni hay que esperar a que las circunstancias nos las imponga con fuerza innecesaria. A veces pensamos que cubrimos nuestras necesidades porque trabajamos, ganamos dinero, compramos lo que nos gusta, ¿y las afectivas?, ¿y tu necesidad de protección, ternura, paz, confianza, perdón, de conocer y aceptar lo que hay dentro? Eso también es fundamental. Hoy puedes ayudarte a llenar esas necesidades si aprendes a recibir, si dejas de ser siempre la que da a todo mundo y piensas en cómo llenar esas necesidades con ayuda de los demás. Equilibrar es importante, el camino de en medio, no los extremos. Satisfacer tus necesidades, pero dando espacio a que los demás las llenen sin perderte, sin querer que las llenen los demás; se trata de una sana danza entre tú y los otros, es el reto, aprender a dar y recibir.

Ejercicio:
Mis necesidades son primero.
Contesta las siguientes preguntas:

¿Cuáles son mis necesidades físicas?

Ir al dentista, hacer ejercicio, comer sano, ir al ginecólogo, etcétera.

¿Cuáles son mis necesidades emocionales?

Sentir confianza, aceptar mis errores, sanar a mi niña, ganar autoestima, aceptar mis emociones y expresarlas sanamente, etcétera.

¿Cuáles son mis necesidades intelectuales?

Aprender a hablar inglés, ir a ese curso de organización de tiempo, leer el libro X, estudiar X cosa, cambiar X creencia, nutrir mi mente, enfocar en lo positivo mis pensamientos, dejar de pensar mal, tener disciplinas de nutrirme con ideas positivas e inspiradoras, pensar y ordenar algo en mi mente que no ha quedado del todo claro.

Haz un plan de metas.

Inicia con alguno de los diferentes planos físico, emocional o intelectual, y ponle fecha, una meta de trabajo continuo, vive lo que es estar atenta a tus necesidades y resolverlas. De seguro será como saberte amada y querida por ti misma, que hay en ti alguien que responde. Qué enriquecedor es aprender a cubrir las propias necesidades, recuerda que cuando pasas por alto lo que necesitas haces más grande tus vacíos de seguridad y confianza. Y no olvides que cubrir tus necesidades afectivas es tu camino de sanación y no sólo se llenan con una pareja.

4. Lo que hacemos

Los actos son responsabilidad de quien los realiza. Cuando dices, "me hiciste esperar", "me hiciste desesperar", "me hiciste enojar", "me sacaste de mis cabales", "por ti hice", "dejé de hacer", "por ti hago lo que hago"… Nada, cada quien hace lo que debe por su propia responsabilidad, eso hay que reconocerlo y hacernos responsables.

Si eliges hacer algo aprende a hacerlo desde lugares más libres, elecciones como ¿por qué crees en esto?, ¿cómo sabes que te hace bien?, ¿por qué quedaste de hacerlo? Las respuestas pueden ser: porque tienes ganas, eres responsable, confías en esto, lo elijes, no por quedar bien con alguien o para que alguien haga o diga algo bueno de ti, porque estamos muy apegadas a que las cosas sean como pensamos y si no sucede así nos decepcionamos.

Por ejemplo, en tu trabajo te piden que organices la fiesta de fin de año y lo haces pensando que vas a quedar bien con todos, que todos preguntarán "¿quién la organizó?", y todos te dirán "¡qué bien te salió!" Si elijo organizarla desde esa posición, seguro la padeceré porque no estoy eligiendo pensando en lo que quiero o si es una buena oportunidad para mí, lo elijo desde lo que pensarán los otros de mí y que la experiencia sea exitosa tiene que ver con los otros, no con mi propia percepción y disfrute de la experiencia.

Hacer las cosas preguntándote a ti misma, ¿por qué sí quiero y por qué es bueno para mí?; ayudará a darte un sentido desde lo que quieres y necesitas y no desde lo que los otros aprecien o esperan. Esto ayuda a bajar la frustración de esperar lo que los demás piensen y si resulta como pensaste, mejor desde tus propias expectativas a partir de lo que es bueno para ti.

"Crea expectativas rígidas y sembrarás frustraciones."

Si eliges esperar, confiar, resolver, dar, ir, no ir, tomar, dejar, pagar, no pagar, todos los actos conllevan una responsabilidad. Y si te preguntas antes de hacerlos: ¿yo quiero?, ¿cómo me voy a sentir?, ¿qué consecuencias hay?, un pequeño espacio de consenso contigo te ayuda a hacer más consciente y asumir todo lo que implica.

En el arte de sembrar confianza en ti, hacer las cosas con conciencia y responsabilidad es fundamental. Dejar de hacer las cosas por lo que los demás esperan de nosotros o porque nos van a dejar de querer o para que los demás vean lo valiosa que soy, no te deja bien ante ti misma.

La confianza está muy relacionada con este punto, porque lo que hacemos y decimos, todas las maneras de acción son una elección, consciente o inconsciente pero siempre elegimos. Nos encanta responsabilizar siempre a alguien y no tener claro que elegí esto que pasa, que no es un acto del destino, de Dios, o de la mala suerte. Recuerda que vivimos lo que se gesta en la mente y desde la mente hasta la acción que es el acto final, donde el pensamiento se consuma con la acción.

Volver a confiar es un esfuerzo por no ser una amenaza para ti misma y lograr ser cada vez más congruente desde el amor y la paz de quién y cómo eres, y ante todo que tú respondes por ti misma.

Eloísa, 35 años

Desde que recuerdo me hice cargo de mis necesidades, mi padre siempre estaba en sus asuntos y mi mamá era muy desentendida de mí. Yo viví un abuso por parte de un tío y varias experiencias donde estuve completamente sola, por lo que aprendí muy claro que en esta vida era yo y nada más. Logré sacar mis estudios sola, trabajar, crecer, todo siempre con la certeza de que en esta vida nadie te ayuda y no hay que confiar en nadie. Hoy cuando alguien quiere entrar en mi vida simplemente no lo dejo, cuando alguien muestra interés en mí no le creo, no creo en nada y en nadie, y eso me tiene tan sola y defendida de las personas que me siento harta de mí misma y de mi miedo a ser herida.

Recuerdo a Eloísa cuando llegó, dudando incluso de si yo podía ayudarla, hablando y haciendo siempre todo rápido. Yo sabía que tenía una confianza que restituir de manera urgente. Bajar las barreras conmigo para empezar fue el primer trabajo, una vez que ella confió en mí escuchó un poco lo que le proponía. Siempre estuvo presente una voz que le decía, "esto no va a funcionar, mejor nos quedamos como estábamos", pero ella siguió caminando. La parte que aprendió a defenderse no está dispuesta a perder territorio, pero desde la voluntad de ella y mi real interés en su recuperación ella bajó sus defensas, trabajó con sus pensamientos negativos, dejó de enjuiciar a las personas enseñándose a ver una parte más positiva, a cumplir su palabra de una manera más conectada con sus necesidades, por gusto y no por deber rígido, e ir poco a poco reconciliándose con su historia, con ella y con la vida. Esto es un proceso, atrévete a hacer algo diferente y nunca olvides que "El dolor de defenderse y aislarse es mucho más fuerte que la fricción que genera estar en contacto con los demás".

"La confianza nace de recuperar la fe y la esperanza."

CAPÍTULO

8

Los cinco demonios del autoconcepto

Los cinco demonios del autoconcepto se basan en ideas-raíz de las que ya hemos hablado, sembradas en nuestro inconsciente. Se han nutrido de las relaciones que construiste de adulta, muchas carentes de valor y autoestima. Por ello los cinco demonios pudieron crecer contigo a partir de lo que tus padres te enseñaron acerca de quién eres y los reforzaste en la vida adulta, o bien, una relación destructiva los sembró en ti.

Cuando somos niños formamos las ideas que nos relacionarán con el mundo. Nuestros padres juegan un papel fundamental en esto que llamamos ego. Aprendes la imagen de ti misma por cómo reconocen tu presencia en este mundo. Nosotros sabemos quiénes somos en los primeros años de vida a través de nuestros padres y sus actos. Por ejemplo, si mis padres respetaban y cubrían mis necesidades, jugaban conmigo, me acariciaban, era bienvenida y merecedora de su atención, esta reacción me enseñó lo que merezco y lo que soy.

Los cinco demonios como idea-raíz se construyeron a partir de todas estas experiencias con padres, hermanos, maestros y mediante todas las relaciones que dejaron huella en nosotros, formando un *yo soy* disminuido y con baja autoestima.

Los cinco demonios cobran fuerza cuando los actos te dicen:
- No hay espacio para tus necesidades.
- Para que te quiera debes ser lo que yo espero.
- Nunca es suficiente lo que haces para que te quiera.
- Tú no eres capaz de hacerlo, mejor lo hago yo.
- Todas son mejor excepto tú.
- Nadie te va a dar lo que yo te doy.
- No tengo tiempo para ti.

- Siempre hay algo más importante que tú.
- Yo siempre tengo la razón.
- El mundo es una amenaza y tú no puedes sola.
- Eres tonta, es obvio.
- Lo que sientes no es verdad, estás loca.
- No existes, te ignoro.
- Quién te va a querer.
- No vales nada.

Hay actos que dicen esto. Permitir una relación con estos mensajes construirá o, mejor dicho, destruirá tu autoconcepto. Positivo

Los cinco demonios son:
- No eres capaz
- No eres valioso
- No eres merecedor
- No perteneces
- No eres suficiente

En general, desarrollamos los cinco demonios antes de amarnos, sentirnos valiosas, respetadas y suficientes. Aprendimos a ver lo que no somos antes de ver lo bueno y lo sano.

Generamos respeto y crecimiento cuando en los actos nos dicen y nos decimos:
- Eres capaz de hacer lo que te propongas.
- Eres valioso para mí y te dedico mi tiempo.
- Eres merecedor de mi amor por lo que eres, tal cual eres.
- Perteneces y eres parte importante de mi vida.
- Eres suficiente para que yo te ame, no tienes que ser perfecto.

Si no tuviste un modelo amoroso, es probable que te cueste mucho hacer lo contrario a lo que aprendiste, es todo un logro de la voluntad. Cuando no tienes modelos se hace camino al andar y es más difícil. Todos estos actos dejan ideas que conforman nuestro autoconcepto y muchas de ellas son cárceles inconscientes, o sea, ideas negativas y limitantes de nosotros mismos, donde no vemos otra posibilidad ni algo diferente.

Todo proceso de crecimiento nos lleva ante los demonios del autoconcepto, esas cárceles inconscientes de lo que creo merecer, porque necesitamos cambiarlas y sembrar nuevas ideas, actos elegidos y sanos para mí.

Nuestro autoconcepto es fundamental para enfrentar el mundo con confianza y saber que tengo herramientas suficientes para defenderme, aspirar a crecer, vencer los diferentes retos que me presenta la vida, saberme merecedora del amor y la abundancia en todos los sentidos.

No soy capaz

Sentimiento íntimo: miedo

Este demonio se desarrolla cuando tienes padres sobreprotectores y te resuelven todo o te evitan conflictos. También puede ser por una madre o padre controlador que quería se hicieran las cosas a su modo o siempre te descalificaban por la manera en que decidías las cosas en tu vida y mandaban un mensaje de "sin mí no puedes", o "te vas a equivocar si no haces lo que yo te digo". El mensaje anula la capacidad de los otros, descalifican, critican, reprimen, o los actos provocan que el otro se crea un tonto o incapaz de hacer bien las cosas. Muchas veces cuando te desesperas, eres impaciente, descalificadora; cuando eres todologa y lo resuelves todo, abarcas y no das espacio para los demás, todo eso enseña a los que están tu alrededor que no son capaces.

Si tú reconoces que viviste con estos mensajes, ya sea de tu padre, o de tu madre o de tu entorno, aprendiste a decirte eso de manera inconsciente y pensar y sentir que eres incapaz a la hora de tomar riesgos, tener seguridad en ti misma y emprender cosas buenas para tu vida. Reconocer tus herramientas y cualidades para salir al mundo te cuesta mucho trabajo.

Quien no se siente capaz necesita a otros y es dependiente. Buscará personas más hábiles para que le digan cómo hacer las cosas y confirmen su sentimiento de incapacidad. En la visión de sí misma no puede sola, siente miedo a dar el paso a lo que quiere, o siente que no dará el ancho ante una situación. Duda y tenderá a depender de alguien fuerte que le dé lo que ella no logra por sí misma porque siente que no es capaz.

Cómo matar al demonio: si lo tienes, descubre los hábitos con que has crecido y refuerzan esta visión de ti misma. Por ejemplo, salir de entornos seguros y entrar en contacto con actividades y personas diferentes. Tu matas a los demonios si dejas de ser gobernada por los hábitos que te han definido por años.

Para matar poco a poco a este demonio trabajar con ideas de reconocimiento y validación de tus cualidades, atenta a lo que haces bien, a lo que te gusta de ti; recuerda los momentos en que haces bien las cosas y haz un ejercicio de autoanálisis para reconocer tu cualidad en ese momento. Hoy las formas de darle duro a ese demonio son todos los mensajes que en los actos afirmen las siguientes ideas.

- Puedo dar mi opinión, lo que pienso es importante.
- Soy capaz de lograr lo que me propongo.
- Puedo lograrlo por mí misma.
- Sé protegerme y buscar lo que necesito para ser feliz.
- Soy capaz de comprometerme conmigo y sostener mis esfuerzos.
- Soy capaz de llenar mis propias necesidades.
- Soy capaz de llevar a cabo mis sueños y ser feliz.

Todas las experiencias conscientes que reafirmen estas ideas de manera constante harán que tu demonio muera en ti y poco a poco nazca un nuevo autoconcepto elegido, fomentado y trabajado por ti desde el amor y el merecimiento.

No soy valiosa

Sentimiento íntimo: tristeza

Este demonio crece en la soledad. Cuando el niño se siente no visto y las demostraciones de afecto son escasas, cuando crecemos con pocas caricias y ausencia de padres. Todos necesitamos el afecto y la presencia de nuestros padres para sentirnos valiosos. Sentir que valgo nace de mirar en los otros el reconocimiento de mi valor.

Decimos a los otros que valen cuando apreciamos su presencia, escuchamos lo que dicen, los cuidamos, abrazamos y besamos, les damos tiempo y expresamos nuestro afecto, cuando los cuidamos y respetamos, todos estos actos dicen "tú eres valioso para mí".

Lo que más duele al niño interior es observar que los padres tenían poco tiempo para él, para jugar, hacer sus tareas, llevarlo al parque; a diferencia de los momentos donde la presencia de nuestros padres era nuestra y toda su atención se concentraba en nosotros, que indica "eres valioso para mí".

Si crecimos con este demonio, el adulto hará muchas cosas para ser valioso y llamar la atención de los otros, imponerse muchos valores agregados como comprarse cosas muy caras, dedicar mucho a su imagen, ser materialista y buscar mucho reconocimiento a partir del dinero, la imagen, el trabajo, los estudios, etc.

Siempre hay un sentimiento de vergüenza de quién eres en lo profundo, como si los demás se dieran cuenta de que no vales tanto como pareces. Se vive una gran ansiedad por buscar los valores agregados que te hagan sentir que ahora sí vales y el estado de ánimo se relaciona con el entorno si confirma que eres valiosa y lo reconoce; pero cuando el entorno descalifica o ignora tu valor, entonces vienen la ansiedad y la angustia de nuevo.

Cuando sientes que no eres valiosa, te acostumbras al autocastigo, o sea, tienes un trabajo que te limita, una pareja que te ignora, una casa desordenada y sucia o poco dinero para cubrir tus necesidades; te tratas con poco aprecio y respeto, te acostumbras a sufrir y a vivir con personas que te hacen sentir insatisfecha y el mensaje es que eso mereces porque no eres valiosa.

Cuando sientes que no eres valiosa, sientes en el fondo soledad. Puedes tener "amigos", pero muestras una cara superficial, te cuesta trabajo hacer relaciones íntimas y no piensas que las personas te puedan querer por lo que eres. Sueles sentir que tu valor está en la ropa, la profesión, el dinero, lo que sabes, lo que haces, no lo verdadero que hay en ti. Eso nunca lo muestras porque te avergüenza o sientes que a los demás no les importa y eso te hace impersonal y lejana, las personas se alejan y confirman que no eres valiosa para que los demás se queden.

Cuando vivimos el demonio de la "no valía", lo más doloroso son nuestras relaciones porque hacemos cosas que dejan claro a los demás "yo no valgo" y se confirma una y otra vez el abandono, y cuando alguien te empieza a tratar mal lo aceptas porque te sientes descubierta en tu idea de no ser valiosa.

Hoy la forma de debilitar este demonio es con todos los actos que dicen:
- Soy valiosa y cubro mis necesidades.
- Soy valiosa y merezco ser querida.
- Soy valiosa y merezco tener afecto en mi vida.
- Soy valiosa y merezco ser respetada y tomada en cuenta.
- Soy valiosa y las personas pueden quererme por lo que soy.
- Soy valiosa y puedo tener un trabajo que aprecio y disfruto.

Cómo transformar al demonio

Sentir orgullo de quién y cómo eres; mostrar lo que hay en ti sin vergüenza y trabajar por integrar y ordenar las experiencias dolorosas de la infancia con una actitud de aceptación y reconocimiento de las cosas positivas en tu infancia. Cuando integramos la infancia, dejamos de sentir que cargamos con un recuerdo innombrable de todo lo vivido, platicar con un terapeuta es una buena forma de ordenar, limpiar e integrar el pasado.

Hoy pon tu atención en la presencia que tienes contigo, o sea, cuánto tiempo dedicas a tus necesidades, cuándo atiendes tu salud y cumples tu palabra, cuándo te alimentas bien y no permites que nadie abuse de ti, cuándo haces cosas que eliges y no porque los demás te dejarán de querer. Hoy trabaja con los actos que refuercen tu "soy valiosa", "cuido mi salud", "pongo límites a las personas", "respeto mi palabra", "muestro lo que hay en mí", "acepto mi historia" y "respeto mis necesidades", en un ejercicio de disciplina día a día enseñándote que eres valiosa para ti misma.

Es muy importante que los actos expresen sentimientos de afecto por ti misma. No basta cambiar los hábitos, también los mensajes de tu mente de poca valía y los sentimientos que refuerzan esta forma de verte. Hay que hacer un trabajo de forma y fondo. Por eso los cambios de hábitos deben practicarse con conciencia de por qué lo haces y mediante una actitud de cariño y respeto por ti. No es un voy al doctor mecánicamente, es un reconocimiento de por qué lo haces, y sentir y agradecerte a ti misma los esfuerzos por cuidarte.

El demonio crece en desamor y se muere cuando empiezas a construir tratos afectuosos contigo misma y experiencias con los que te rodean de respeto y amor.

"El demonio se refuerza con los actos que te dicen 'no vales'."

No soy merecedora

Sentimiento íntimo: enojo

Este demonio creció por mensajes de dureza, rigidez, exigencia, lejanía afectiva con padre o madre autoritarios que te hicieron sentir muchas responsabilidades o deberes, y esto de manera se convirtió en un hábito de trato contigo misma.

Las personas que sienten que no merecen son muy duras consigo mismas, críticas, muy responsables, trabajadoras y les cuesta mucho trabajo ser autocompasivas. Duermen poco, trabajan mucho, no van de vacaciones, no les gusta comprarse cosas caras y son muy rígidas en la visión de las cosas. Todo es blanco o negro, el gris no existe.

Tener un demonio de no merezco te genera enojo, estrés por hacer las cosas bien y ser eficaz, porque no hay tiempo que perder. Esa dureza te aleja de ti y de los otros, te hace desconectarte de lo que en verdad necesitas por cumplir siempre las expectativas de lo que deberías hacer, de lo que es correcto y razonable y no lo que necesitas.

Cuando este demonio vive en ti puedes tener todo y sentir un gran vacío, no disfrutas las cosas y te cuesta vivir las experiencias con libertad. Cuando sientes que no mereces, sueles enviar un mensaje a las personas que te rodean de que tú puedes sola y te cuesta trabajo pedir ayuda.

Es un demonio sembrado por una madre dura, exigente, fría, poco afectiva, alejada de ti. Pero también por un padre con estas características.

Cuando sientes que no mereces, saboteas las cosas buenas de tu vida porque sentirás que no las mereces y no sabrás cómo estar o te costará trabajo recibir. Recibir afecto será tan angustiante que podrías alejarlo de tu vida por no saber cómo recibirlo.

Hoy la forma de debilitar este demonio es con todos los actos que dicen:

- Merezco amar y ser amada.
- Merezco ser tomada en cuenta y ser apoyada.
- Merezco ser respetuosa con lo que necesito.
- Merezco disfrutar y expresar lo que siento.
- Merezco no ser siempre correcta, tengo derecho a equivocarme.
- Merezco ser flexible.
- Merezco abrazar y que me abracen.
- Merezco vacaciones.
- Merezco vivir con libertad y disfrutar, no estar sólo en el deber.

Cómo matar el demonio

Este demonio se mata trabajando con tus emociones y transformando la idea del "debo de" o "tengo que" en un querer profundo. Por ejemplo, todo lo que haces desde una autoimposición alimenta ese demonio. Debes enseñarte poco a poco que puedes hacer las cosas porque quieres y las disfrutas, y apreciar esa parte. Este demonio se debilita cuando dejamos de pensar y sentimos, cuando hacemos sintiendo y expresamos lo que sentimos. Dar espacio a tus emociones es muy importante, tus emociones te llevarán de vuelta a ti misma, ya que desde el "no merezco" te acostumbraste a hacer cosas para sentir que merecías afecto y reconocimiento, y eso te alejó de lo que de verdad quieres y de tus emociones. Hoy volver a sentir las emociones y tomar en cuenta lo que quieres y necesitas dejará de alimentar ese demonio.

Para debilitarlo: todo lo que sea mostrar y recibir afecto es perfecto. Hablar, escuchar, abrazar, compartir, estar cerca y ser afectuosa. Ser menos dura a la hora de equivocarte y saberte merecedora de descanso, de no ser perfecta, de no tener siempre la razón, de bajar tus defensas y pedir apoyo. Cada vez que te permitas afecto tu demonio tendrá menos fuerza.

Si eres flexible y das lugar a la espontaneidad del otro, a la creatividad de la vida, a los cambios y a no planear siempre ni que todo esté en perfecto orden; si por momentos te permites ser flexible y menos dura con los demás, eso ayudará a debilitar a tu demonio.

> "Cada vez que te niegas el derecho al afecto, a la felicidad y la paz contigo y con tus actos, tu demonio crece."

No pertenezco

Sentimiento de fondo: miedo

Cuando tenemos este demonio, experimentamos desarraigo, no ser parte, soledad, falta de relación con las personas. Este demonio se formó mediante experiencias de rechazo en la infancia que te hicieron sentir que no eras bienvenida o tu entorno era amenazante. Por ejemplo, había mucha inestabilidad, enfermedad, cambios, la experiencia infantil es que el entorno es poco seguro y confortable para pertenecer, entonces se desarrolla el demonio del desarraigo, de no estar presente, de no ser parte.

Cuando vives con este demonio como autoconcepto, sientes rechazo a la vida y a las personas que te rechazan; esto se manifiesta con tendencias a ser solitaria, estar en tu propio mundo y buscar actividades para crear a través de tu mente tu propio mundo; por ejemplo, con libros, música, mundo espiritual, modos de estar lejana del contacto con las personas y la vida en sí.

Sentir que no perteneces es muy duro, es una experiencia de extrañeza, incluso experimentar que tu familia no es tu familia de verdad, o que ésta no es la época en la que debiste crecer y sueles rechazar a las personas. La paradoja es que lo que más necesitas y anhelas es pertenecer, pero lo que aprendiste es a hacer lo contrario, a rechazar y hacer todo para no pertenecer, porque en el fondo temes ser rechazada.

El demonio del no pertenezco se alimenta cuando te refugias en tu propio mundo, rechazas vínculos y no te arraigas en la tierra; este demonio también te desconecta de tus emociones porque las necesidades son reprimidas, sobre todo la necesidad de intimidad, afecto y cercanía que por sentirte rechazado sueles alejar de ti. Sentir que perteneces es muy sanador porque te une a los demás. Todo mensaje que alimente la idea de no ser parte, de soledad, lejanía, defensa, que no tienes nada para dar y a los demás no les interesa lo que pienses, sientas o digas porque no eres parte, todos estos actos alimentan y refuerzan ese demonio que crece cada vez que aceptas la idea de que el entorno y las personas te van a lastimar, o no valen la pena para quererlas.

Este demonio se fue creando con padres ausentes o que rechazan, cuando las experiencias de estar en este mundo en tus primeros años de vida fueron amenazadoras. Entonces, si refuerzas la idea de que el mundo te amenaza, alimentas este demonio. El mundo no amenaza porque eres lo suficientemente capaz de defenderte cuando haya que hacerlo y no de antemano vivir a la defensiva. Cuando alimentas ideas de rechazo y no te sientes querida por los demás, refuerzas el demonio. Todo esto es parte de lo que generas, haces cosas para que los demás terminen rechazándote y tú alejándote de ellos sintiendo que no perteneces.

Este demonio se mata creando un entorno en el que puedas sentirte parte, crear lazos y realidades donde puedas ser más libre sin sentirte enjuiciada o criticada, y puedas permitirle ser valorada y respetada. Para eso primero debes dejar de rechazar ese derecho para ti.

Las personas con este demonio han creado formas de huir. De manera inconsciente pueden enfermarse, que es una manera de llamar la atención o evadir situaciones. Es obvio que no es una elección consciente, no dices "bueno, ahora me voy a enfermar", o no siempre. Es un mecanismo de defensa por no saber cómo estar en la vida y ser vista.

Hoy la forma de debilitar este demonio es con todos los actos que dicen:

- Soy parte de este grupo de personas.
- Pertenezco a esta vida y manifiesto lo que soy.
- Soy querida y bien recibida en los lugares.
- El entorno no me amenaza, yo sé cuándo confiar.
- Puedo estar presente y expresar lo que necesito.
- Soy sana y vivo saludable.
- Sé comprometerme y estar presente con el corazón.
- Manifiesto lo que soy y valoro mis cualidades.
- Respeto mis emociones y las expreso.
- Me gusta ser afectuosa, dar y recibir el afecto de los demás.

Formas de matar el demonio

Por alguna circunstancia de la mente, atraemos lo que tememos. Así que si tú tienes este demonio, seguro atraerás espacios y personas que te rechacen o con quienes no eres bien recibida. Parte de eso tiene que ver con una posición interior cerrada. Hay que hacer un trabajo de fondo para darte permiso de cambiar esta actitud y no sentir que los demás no te quieren. La manera de empezar es dejar de ser tu propio juez, decirle basta a la crítica y a la descalificación que tienes contigo, dejar de decirte que no eres, no puedes, no sabes, no sientes, no quieres. Empezar a cambiar esta posición negativa por algunos *sí* y darles espacio para que se expresen. Este demonio se parece mucho al del no merezco. De alguna manera todos tienen relación, así que puedes trabajar con este demonio como lo haces con el del no merezco.

Este demonio se elimina creando lazos de afecto e intimidad contigo y con los demás, dejando de rechazar tu derecho a la felicidad y ser parte de manera útil y productiva en este mundo.

La forma de matar este demonio son todos los actos que afirmen tu valor, tu cualidad y tu identidad, que sean expresados en lo que haces creando con esto un lazo de conexión con las personas. Cuando este demonio se transforma, sale una parte de ti a la que le encanta el contacto, adora ser vista y reconocida, y encuentra formas de expresar esa necesidad de manera sana.

No soy suficiente

Sentimiento interior: enojo.

Cuando este demonio es parte de nuestro autoconcepto, la lucha por ser suficiente es una angustia constante e interminable. Aprendimos que no éramos suficientes porque los padres otorgaban su amor si hacíamos lo que ellos querían o nos pedían, sin reconocer nuestras cualidades o estaban ausentes y no había nadie que reconociera tu presencia. También con padres manipuladores que te enseñaron a competir y te comparaban siempre con los demás. Eso creó un hábito de medirte con los otros y una necesidad de ser mejor que los demás.

Este demonio se alimenta desde la competencia, de compararte con otros, ser siempre mejor y dar el ancho en todo, tener todo controlado y hacer que las cosas pasen como tú dices, de lo contrario no eres suficiente para tener una vida adecuada. No ser suficiente es una compulsión por hacer que las cosas sean como esperas. Si las cosas no son así, te sentirás no suficiente. Todo se relaciona con ser buena, mejor que los demás, capaz. En esa forma encontraste afirmación y afecto, ser querida.

Las mujeres que no se sienten suficientes siempre tendrán una sensación de vacío, de que algo les hace falta porque desde el mandato de ser suficiente también vives complaciendo a medio mundo y no te preguntas cuáles son tus necesidades.

Cuando quieres ser suficiente no sabes reconocer lo que haces bien. Sentirte en paz con quien eres, agradecerte y sentirte satisfecha con tu esfuerzo y sin angustia. Siempre habrá algo que pudimos hacer mejor, pero la satisfacción viene de la confirmación del entorno. Si los demás te ven suficiente, entonces te sientes satisfecha; pero si no fue como esperaste —que casi siempre el canon es muy alto—, no habrán sido suficientes los esfuerzos porque no fue como tú esperabas.

Además de tu "nadie es suficiente", siempre esperas algo más de las personas y no estás en paz con lo que son. Quieres que sean lo que esperas o te decepcionan y te alejas dejando una sensación de vacío y enojo con ellos.

Crear lazos con las personas desde este demonio es muy doloroso porque nunca será suficiente lo que dan. El afecto, el cuidado, la atención, los abrazos, los reconocimientos, nada es suficiente, siempre hay una sensación de que algo falta. Para ellos también es muy doloroso porque sienten que nunca son suficientes para ti y hay una clara descalificación de lo que son por no ser lo que esperas. Vivir sintiendo que nada es suficiente se relaciona con la ausencia de tus necesidades más profundas. Cuando compites y quieres cumplir las expectativas de los demás, seguro no te preguntas: "¿yo qué quiero?", "¿qué necesito?" Es probable que lo que quieras o necesites esté muy lejos porque estás convencida de que lo que quieres es tener esa casa o ese trabajo o ser la mejor de la oficina, pero en el fondo necesitas silencio, autodiálogo, afecto o simplemente un abrazo.

Querer ser siempre la mejor es imposible, siempre habrá alguien mejor, siempre habrá una mejor idea, una mejor persona, y eso no te incapacita, no niega tu valor. Qué bien que haya gente mejor para aprender lo que nos hace falta e inspirarnos a ser mejores. Querer ser siempre la mejor y medirte con los demás, competir hasta con tu propia sombra es muy doloroso, te aleja de ti y de los demás porque siempre pondrás un abismo entre tú y ellos. Te hace sentir insuficiente o desgarrarte por demostrar que sí lo eres. Cuando lo sabes, no necesitas que lo sepa el mundo.

La forma de debilitar este demonio es con todos los actos que dicen:

- Hay personas mejores que yo y eso enriquece mi vida.
- Soy suficiente y no tengo que hacer mil cosas para demostrarlo.
- Las personas que quiero son como son y no como yo espero.

- Soy suficiente para ser querida.
- Soy suficiente para ser reconocida.
- Sé escuchar y ponerme en los zapatos del otro.
- Cada vez que compito me digo no eres suficiente.
- Las cosas salen mal y eso no quiere decir que es mi culpa.
- Puedo soltar y dejar ser.
- Sé reconocer mi valor y agradecer siempre mis esfuerzos.

Cómo matamos este demonio

La mayoría de los demonios se aniquilan ubicando tus verdaderas necesidades, conectando y expresando tus sentimientos, validando tus cualidades y respetando tus necesidades. Pero en el caso particular del "no soy suficiente" es muy importante no competir y renunciar al hábito de querer ser mejor que los demás. Es verdad que la competencia es muy promovida hasta en las escuelas y parece sano competir, pero hay una cara oscura de la competencia que te lleva a ser más y mejor que los demás, y te hace crear rivales más que aliados y oportunidades de aprender.

Piensa que cuando buscas ser mejor que los demás. El mensaje no es amoroso y respetuoso contigo, no hay que ser mejor que los demás para ser valiosas y suficientes. La competencia crea rivalidad, es poco respetuosa contigo. Imagina un novio o esposo que siempre te compare con alguien, ¿te parece amoroso y respetuoso? Claro que no, sería muy doloroso y angustiante ser siempre comparada. Así hacemos con nosotras cuando competimos, ése es el mensaje que confirma "no eres suficiente", o para serlo debes hacer mucho.

Pon atención y cuando empieces a sentir que eres mejor que los demás o te sientes amenazada porque alguien es hábil y tiene buenas ideas, respira y comienza un diálogo contigo: "No somos mejor que nadie, todos tenemos cosas buenas para dar", o "Las personas capaces no son una amenaza, enriquecen tu vida". Ideas que te ayuden a calmar la voz del demonio que quiere hacerte vivir con angustia.

Es importante apreciar y agradecer lo que los otros aportan a tu vida. Gracias a la presencia de las personas podemos enriquecernos, y cuando vives con el demonio de no ser suficiente, no valoras nada, nada te llena y una forma de matar este demonio es reconocer, agradecer lo que el otro hace bien desde el sentimiento; no solo decirlo, se debe sentir lo que los otros aportan a tu vida y la enriquecen. Mejor observa y valora lo que es suficiente, noble, generoso, comprometido, etcétera.

La violencia invisible gesta a los cinco demonios

Toda violencia destruye tu autoconcepto positivo. La más dolorosa es la invisible, pega directo al alma, al amor propio, a la seguridad. La violencia física daña al cuerpo, la invisible daña el alma y es más difícil de curar.

Los cinco demonios se gestan en la primera infancia. Hoy viven en ti como una forma de relación con la vida. Pero se desarrollaron mediante nuestras relaciones con las personas. Crecen a través de la violencia invisible. Por ejemplo, si critican lo que eres, anulan lo que haces, niegan tus necesidades, ignoran tu valor, te abandonan, etcétera.

Si tienes estas experiencias mediante relaciones de pareja, trabajo, padres, estos demonios crecen en ti aunque no sean ideas aprendidas de tus padres en la infancia. Ellos quizá te enseñaron un sano autoconcepto porque reconocían tu valor, te daban tiempo y cariño, pero se daña si como adulta permites relaciones poco sanas. Un autoconcepto se refuerza o modifica de modo constante. Relaciones con pocos límites, faltas de respeto, algún tipo de violencia, siembran estos demonios en ti.

Muchas veces vivimos violencia invisible y como no es evidente no la identificamos, pero pasado el tiempo te sentirás, sola, fea, incapaz, poco valiosa, enojada contigo, sintiendo que no vales. Éstas son las reacciones internas de vivir violencia invisible. Hay muchos tipos de violencia invisible, hablaremos de los más comunes que vivimos y fomentamos las mujeres. Para que los reconozcas voy a poner ejemplos de mujeres que lo viven. Recuerda que esto también lo puedes ejercer con los hombres y dañar su autoconcepto y el de quienes te rodean.

Puñetazos al alma

1. Puñetazo controlador

El control es una forma de violencia, es invisible porque aparece como un acto donde el otro gana terreno en tu vida y tus decisiones y no te das cuenta. Bajo la apariencia de acto de ayuda o de resolverte un problema, puede haber un acto de control. El control es violencia cuando le quita poder, capacidad y autonomía a los otros.

Hay personas muy controladoras que nunca imaginarían que lo que ellas o ellos hacen es para controlar al otro. De hecho, no es consciente, los diálogos del controlador siempre son: "Porque sé mejor que nadie hacerlo", "Porque no hay nadie que lo haga mejor que yo", "Porque para esperar que lo hagan los otros mejor lo hago yo más rápido", "Porque dejo que lo hagan y lo hacen mal", "Para trabajar doble, prefiero hacerlo yo".

Para la persona controladora el único camino es resolver personalmente cualquier asunto y no se da cuenta de que así siembra un mensaje de "todos son incapaces". El control genera mucho enojo en quien controla y en quien es controlado. El controlador se enoja de manera activa por todo lo que resuelve y el controlado de manera pasiva porque con ese control es anulado. Por ejemplo, estás arreglando un clóset, llega el controlador, lo hace en tres segundos, y termina diciendo: "¡Te complicas la vida!", dejando un mensaje de: "Tú no puedes, no lo haces bien, yo soy mejor que tú."

La persona controladora atropella a sus allegados, descalifica la manera en que los demás hacen las cosas y hace sentir a todos incapaces. No respetar el ritmo y la forma en que cada quien hace las cosas es un tipo de violencia.

Actitudes frecuentes:
• Lo resuelvo yo porque sé mejor cómo hacerlo. Pongo siempre altas expectativas que nunca alcanzarás.

- Manipulo y termino haciéndote ver que yo tengo siempre la razón.
- Me hago indispensable en tu vida.
- Sobreprotejo a los que amo.
- Soy rápido, hábil mentalmente, suelo tener razón, no sé confiar y no soy vulnerable.
- Hacer las cosas y restregárselas al que no puede.

Usar en tus relaciones palabras como:
- Es por sentido común
- Es obvio
- Es lógico
- Es que no piensas
- Qué lento
- Por qué no se te ocurre

El puñetazo controlador siembra el demonio del no soy capaz ni suficiente, no soy valioso, en las personas que reciben este tipo de control.

2. Puñetazo verbal

No sólo me refiero a las ofensas verbales, que son un tipo de violencia, sino a comentarios que parecen inofensivos y resultan bombas que minan con el tiempo tu autoestima. Son formas de descalificación y comparación que afectan la autoimagen. Puñetazos verbales son todos aquellos que te comparan con alguien, que critican lo que eres, física y mentalmente, son formas de burla. Son supuestas bromas que, de forma cotidiana, transmiten un mensaje a la persona.

Ejemplo: "Ya no te queda como antes ese vestido", "siempre haces comentarios superficiales", "mira qué bien se ven delgaditas", "ese vestido es para más jóvenes, no te queda porque estás pasada de peso"… son una manera de descalificación y se resienten como balas en la autoestima y el amor propio.

217

No digo que no nos puedan comentar nada si estamos subiendo de peso o no nos va un vestido, pero no una actitud de crítica permanente; además no lleva carga de rechazo o juicio, te pueden decir: "No me gusta ese vestido", si pides una opinión. Pueden decir lo que piensan y nosotras entender que tienen derecho a que no les guste algo nuestro. Pero es violencia cuando es constante, descalifica y viene con una carga de rechazo.

Descalificar, enjuiciar, comparar física, mental y emocionalmente a una persona es una forma de violencia.

Actitudes frecuentes:

- Me encanta ver a las mujeres de la tele u otras y hablo bien de todas y nunca de ti.
- Te comparo con otra mujer.
- Descalifico o niego valor a lo que usas, dices y haces.
- En mis comentarios siempre hay una forma de juicio negativo para ti.
- Soy juicioso, descalificador, impersonal, distante y enojado. La violencia invisible la generamos todos, las mujeres también contra los hombres, y esto daña el autoconcepto de ambos.

El puñetazo verbal forma el demonio de no soy suficiente, no soy valiosa, no soy capaz.

3. Puñetazo te ignoro

Éste es uno de los aspectos más dolorosos de la violencia invisible, ser ignorada o ignorar es altamente violento, una manera de rechazo y abandono. Vivir una relación donde eres ignorada te enloquece, genera mucha necesidad de ser reconocida, vista, abrazada. Al no recibir respuesta, se crea un vacío en ti.

Una persona que ignora a otra practica violencia pasiva, es una especie de castigo silencioso, invalida al otro. Un padre o una madre que ignora a sus hijos, que hace como si no existieran porque está deprimida o metida en sus asuntos, los afecta porque sienten que no existen, se hacen invisibles.

Cuando una persona se ausenta, genera incertidumbre y necesidad en el otro, provoca el deseo de ser visto o tomado en cuenta; así el que necesita persigue y el que está ausente huye. Tú buscas acercarlo a ti porque necesitas su presencia y el otro se siente demandado y corre. Esto provoca que hagas todo para ser vista y él para estar lejos de ti, creando una dinámica entre ambos llena de frustración.

La soledad acompañada es un tipo de violencia muy triste. Debes reconocer que esta necesidad es tuya y es importante; pero por más que lo intentes el otro no puede dar afecto, no sabe estar presente y es un violento pasivo. No basta comprender todo, esto no satisface una necesidad real, por lo que será muy importante que busques maneras de llenarla de forma práctica y a través de otros vínculos. ¿Cómo? Todo depende de ti, porque estar con una pareja que deja afecto menos cero es pagar un precio muy alto por estar con alguien. Eso devasta tu amor propio y deja hambre de afecto que te enojará mucho o te consumirá, incluso por medio de una enfermedad. Debes elegir si estás con esta persona y pagas el precio o buscas otras formas de llenar tu necesidad, buscando afectos —amigos, amigas, familiares— de los que puedas recibir amor.

Quienes dan puñetazos de "no te veo" no saben dar afecto porque nunca lo recibieron. Son personas que deben trabajar mucho con su dolor primario y con todos los hábitos que los alejan de la intimidad real. Tomar conciencia de lo violento que es para los allegados su ausencia y sentir el dolor de no saber dar ni recibir es un paso para cambiar. Suelen ser buenas personas, pero carentes a la hora de dar afecto y presencia afectiva real. Suelen vivir siempre un vacío permanente que buscan llenar con distractores.

Actitudes frecuentes:
• No quiero hacer el amor.
• No escucho lo que dices y empiezo a pensar en otra cosa.

- No te digo nunca que me gustas o no expreso lo que aprecio de ti.
- No valido nunca tus necesidades, hago como si tú no las tuvieras.
- Estoy en mi propio mundo y en mis cosas.
- Guardo silencio en una discusión, me quedo callado.
- Soy frío, distante, mental, práctico, autoexigente, y en las relaciones cercanas un desastre.

El puñetazo de "te ignoro" gesta los demonios de no soy valiosa, no merezco, no soy suficiente y no pertenezco.

4. Puñetazo intimidante

Este tipo de violencia invisible es muy fuerte porque genera incertidumbre y miedo en la persona. Las personas que lo ejercen se enojan mucho, gritan, no les puedes decir nada porque responden atacando o gritando, y eso violenta su entorno.

Otra forma de ejercerlo es amenazando todo el tiempo, "si sigues así te voy a dejar en la calle", "voy a llevarme a tus hijos y cuando regreses ya no estaremos", "tú nunca lograrás nada, mírate, serás una fracasada en todo"... Y aunque por un lado se diga "esto no es verdad", hay una parte de ti que asimila estas palabras y te llena de miedo.

Las amenazas siembran un miedo muy fuerte de que pase lo que ellos dicen y de verdad te quiten todo el dinero, te dejen en la calle o que si te vas, esa persona se va a matar, o algo le pasará. "Te voy a meter a la cárcel", "te va a pasar algo muy malo si haces esto". Cuando estás con personas que de manera constante te dicen estas cosas, te infunden miedo, te manipulan para que al final compres estas ideas y hagas lo que ellos dicen. Son intimidatorios y te enferman de miedo. El puñetazo intimidante es para que hagas lo que ellos dicen, vivas en el miedo y te manipulen.

La persona que ejerce este tipo de violencia es un desequilibrado emocional, es cruel y está lleno de rencores hacia la vida, sobre todo si tiene problemas con su madre. Teje sus redes para tener a una persona sujeta a él y se aprovecha de su inseguridad para hacerla más débil y nunca se vaya de su lado.

La persona que ejerce el puñetazo intimidante aleja a las personas que quieren a su pareja y critica a todos los que la rodean, familiares, amigos, compañeros de trabajo. No te permite amigos, salir con ellos o que otras personas influyan en ti. Su estrategia es hacerte dependiente de él, alejándote de tus amistades.

Actitudes frecuentes:

- Critica a tu familia y amigos.
- Quiere que sólo estés con él.
- No tiene amigos.
- Hace cosas fuera de control, como tomar un cuchillo, lastimarse, etcétera.
- Siempre te amenaza y te llena de imágenes negativas de lo que te pasará si no estás con él.
- Es solitario o da la impresión de ser extrovertido pero sin amigos íntimos; es controlador, dominante, frágil como niño por momentos, desconfiado y dependiente.
- Tú eres todo para él.
- Siempre está enojado o tiene actitudes violentas fuera de control.

El puñetazo intimidante hace a la persona dependiente y temerosa de dar un paso, le quita la seguridad y la aísla.

Despierta los demonios de no soy capaz, no soy suficiente, no soy valiosa y no pertenezco.

5. Puñetazo enloquecedor

Este tipo de violencia se desata cuando la otra persona nunca reconoce lo que sientes, lo que piensas; jamás acepta equivocarse, que hizo algo mal; jamás pide disculpas y siempre niega lo que sientes. Es superenloquecedor sentir que todo lo que dices está mal o que el otro niegue que está equivocado. Por ejemplo, le dices:, "Sentí que no me hiciste caso en toda la cena"; "Estás loca, para nada, siempre con lo mismo". Otro ejemplo: "Quedaste de pagar la luz y no lo hiciste"; "No quedé, te dije si puedo", cuando sí se comprometió pero no es capaz de decir la verdad: "No no pude, te pido una disculpa." Siempre llega tarde a todos lados y jamás lo reconoce, los demás son los que confunden los horarios.Estar con una persona que jamás reconoce sus errores y nunca pide una disculpa es muy frustrante y te hace sentir que estás mal. Son expertos en manipular las situaciones y hacerte ver que la del problema eres tú, quien ve mal las cosas eres tú.

El puñetazo enloquecedor es una forma de descalificar todo el tiempo lo que sientes, piensas y eres. Es una persona narcisista que no asume la responsabilidad de sus actos y sus errores. La persona que lo ejerce tiene muy baja autoestima y pudo ser un niño muy criticado al que no dejaron asumir la responsabilidad de sus errores y por eso hoy todo lo que pasa es problema de los demás y aceptar que se equivoca es muy difícil de asimilar.

No reconocer lo que haces mal, no pedir una disculpa, no validar lo que los demás sienten o piensan, descalificar y enjuiciar, genera una desconfiguración en quien la padece: duda de sus percepciones y se desconecta de la realidad.

Actitudes frecuentes:

• Los demás siempre tienen la culpa.
• Tú siempre alucinas.
• Jamás emito un "me equivoque", "tienes razón", "te pido una disculpa".
• Siempre niego lo que pasa y evado el conflicto, quiero que los demás se hagan cargo de mí y de mis responsabilidades, soy pasivo, inseguro, egocéntrico y mentiroso.
• Lo que sientes no es verdad, estás loca.

El puñetazo enloquecedor hace que dudes de tus percepciones, te aleja de ellas. Estar mucho tiempo con una persona que jamás reconoce su responsabilidad y niega lo que sientes te llena de enojo y te hace dudar de ti misma.

Quien ejerce este tipo de violencia siembra los cinco demonios, pero sobre todo: no soy capaz, no soy suficiente, no merezco. Recuerda que estos tipos de violencia son actitudes frecuentes en la persona, son formas de relacionarse que poco a poco destruyen tu seguridad y hacen crecer los cinco demonios en ti.

Es muy probable que después de leer esto te sientas enojada con la persona con la que la vives o contigo por permitirla; antes de continuar la lectura valida lo que sientes en este momento. Haz una pausa y observa tu respiración y tu garganta, pecho y estómago; si percibes enojo, coge una almohada y golpéala, sin lastimarte descarga el enojo por permitir todo esto, vivirlo por tanto tiempo. El enojo de estar harta y no darte cuenta de que mereces algo mejor. Toma la almohada en este momento y golpea hasta que te canses, gritando con fuerza, basta, basta, basta.

Si después de golpear aflora la tristeza es hora de abrazarte y tomar tu mano derecha, ponla en tu pecho y con la otra abrázate y quédate ahí contigo con los ojos cerrados conectando con la tristeza de elegir esto en tu vida. Validar lo que sientes es fundamental. Es normal que si lo vives con tu pareja o tú misma lo haces, empieces a sentir reacciones emocionales.

Cómo parar estos puñetazos

Primer paso: autoestima

Lo primero que debes comprender es que no es tu pareja, tu jefe o la persona con quien vives la única responsable, ambos construyen esta realidad y son responsables de esta relación que han creado juntos. No eres víctima de él, hoy ya no eres víctima de nada, todo lo que vives puede ser transformado y elegir desde tu adulta una mejor realidad para ti. La mereces. Mereces sentirte amada,

223

respetada, querida, tener gente que te valore y mire tus cualidades y las respete, que mire tu dolor y lo valide, que se dé cuenta de que estás en su vida y haga esfuerzos por transformar sus propias carencias para crear una mejor relación. Tienes derecho, hoy tú eres tu propio límite, nadie más.

Cuando sentimos que no valemos o no merecemos, empezamos a enseñar a las personas cómo tratarnos y lo que merecemos; les transmitimos de manera inconsciente nuestro autoconcepto. Como los demás nos tratan es la forma en que nos tratamos nosotros.

Si llevas tiempo viviendo con violencia invisible o visible es muy importante que tomes esto como algo urgente. Trabajar por sanar día a día tu autoestima y establecer una nueva relación contigo, con constancia, paciencia y sin claudicar, tu autoestima sanará poco a poco.

Luchar por ello no es un trabajo de un día, es una actitud de vida que se integra repitiéndola una y otra vez. Es una forma de trato contigo misma que debe transformarse hasta crear en relación contigo y los otros, formas de trato amoroso, respetuoso, paciente y afectivo.

Trabajar por transformar los cinco demonios es fundamental porque no sólo son actitudes hacia nosotros, estas mismas actitudes son violencia cuando las vives contigo. El puñetazo descalificador, de "te ignoro, comparo, abandono", son formas de relación con nosotras mismas. Es lo primero que hay que parar, porque si lo vives afuera lo vives adentro, no hay más.

Julia, 39 años

Mi madre siempre me enseñó que yo no merecía. Ella siempre espero tener un hombre y no una mujer, toda la vida me dejó claro que yo no merecía comer bien, no merecía una recámara bonita, una vida sana. Su trato siempre fue tú no mereces. Ayer tuve un sueño que me ayuda a ver esta idea. Soñé que tenía dos platos frente a mí, uno con comida deliciosa y yo quería comer y otro con comida echada a perder, y mi mamá en el sueño me obligaba a comerme el plato echado a perder. Cuando desperté lloré mucho, mi mamá ya murió, pero ahora entiendo que yo soy mi propia madre obligándome a tener las peores cosas de la vida y a negarme el derecho de ser feliz, siempre boicoteando lo bueno que puede tener mi vida. Ese sueño habla de lo que estoy haciendo hoy: teniendo todo para ser feliz, sigo obligándome a estar mal.

Segundo paso: poner límites

Muchas veces no sabemos poner límites por falta de autoestima, porque sentimos que no nos quieren o porque sentimos que no merecemos respeto o tenemos miedo de ser abandonadas sí lo hacemos.

Aprender a poner límites es muy importante, no se trata de querer cambiar de manera inmediata todas estas formas de relación y decirle de manera violenta: "No me tratarás nunca más así" o gritarle y agredirlo para que deje de hacerlo. Eso no es poner límites, es agredir y continuar la cadena de violencia.

Poner límites es una forma que nace de la adulta y no de la niña enojada que se sale de control. Es una adulta solicitando de manera clara que no quiere recrear esa realidad porque duele, lastima. Es una adulta que plantea, sin gritar, la que grita es la niña; la adulta puede enojarse pero no agrede, puede molestarse hablando de cómo esto le hace daño, pero creando un diálogo la adulta desarma al niño.

Para expresar lo que sientes y que se escuche, no puede ser en una discusión, debe ocurrir en un espacio creado de manera consciente para hablar, de manera respetuosa, responsable y donde haya buena voluntad de ambos lados, sin responsabilizar al otro de todo y sin actitudes víctimas. Si asumes tu parte y se la das a conocer, eso ayudará a que no sienta que lo estás culpando. Sobre todo que, en verdad, sientas que esto también lo has propiciado tú y no busques venganza, sino solución.

Poner límites es una expresión respetuosa de lo que no te gusta y no estás dispuesta a permitir, sin agredir, sin descalificar, sin gritar, sin disculpar. Es un diálogo claro y responsable de lo que no te parece. No se puede poner límites enojada y gritando, el otro no escucha lo que le dices, sino que estás enojada.

225

¿Cómo poner límites? Hablándolos y siendo congruente con ellos. No hay más. Practicando te darás cuenta de que puedes expresar, sin agredir, y el otro puede escuchar o no, pero tú lo comunicas y haces tu parte, que es hablar, la parte de él no la puedes controlar. Que él escuche y haga cambios sólo depende de él, pero al final tomarás decisiones si lo has planteado de mil formas y al otro simplemente no le interesa. Ante esas circunstancias no hay más que preguntarte, ¿estoy dispuesta y cuál es el precio? Estoy dispuesta a permitir esto, a poner un límite mayor —como dejar la relación—, a asumir lo que pueda, pero desde una adulta que acepta las consecuencias de sus decisiones.

> "El arte está en tener claro lo que depende de ti y lo que no, soltarlo."

Poner límites es una manera de decirte a ti misma "yo te cuido", "yo respondo por ti", "nadie te lastimarrá", "nadie abusará de ti". Es una forma sana de darnos amor y confianza, estamos presentes para protegernos de lo que nos puede hacer daño y sabremos decir *no* a cualquier forma de violencia.

Tercer paso: me perdono

El tercer paso es perdonarte las veces que hiciste cosas para lastimarte, que permitiste abuso, que también agrediste y abusaste. Perdona y suelta la ignorancia con que viviste y que ese dolor te sirva para no vivirlo jamás.

Decreto del perdón a mí misma
Reconozco todo el dolor con que he crecido,
me duele y enoja lo que permití que otros hicieran conmigo
y también lo que yo hice conmigo misma,
hoy elijo un nuevo comienzo y tengo fe

---

que la forma en que viví puede cambiar,
hoy elijo perdonarme, perdonar mi ignorancia, mi necesidad,
perdonar las elecciones que me llevaron a tanto dolor,
perdonarme el tiempo que ha pasado,
por todo lo bueno que no supe recibir ni crear,
por sentir que no merezco y
por recrear en mi vida este mensaje para mí misma,
me perdono y elijo volver a empezar y crear amor y
crecimiento conmigo y con la vida,
merezco un nuevo comienzo, hoy me perdono.

Todos tenemos derecho a un nuevo comienzo. Perdonarte significa aprender de todo lo vivido y elegir algo diferente. No se trata de olvidar todo lo vivido ni negar que te duele, sino de acomodarlo como parte de un aprendizaje, como parte de tu vida y soltarlo, rechazar tu enojo con la vida por todo lo que no te dio. Todo esto se acomodará poco a poco luego de trabajar el capítulo de la niña herida y escrito la carta del perdón a ti misma, esto es un reforzamiento de ese trabajo.

Recuerda que todo es un proceso. Date tu tiempo, es normal que el dolor o el enojo regresen porque dejar de experimentarlos lleva su tiempo. Toda nueva forma de vida se integrará poco a poco con disciplina, el reto es la constancia, la paciencia y el ritmo.

Ejercicio Construyendo un nuevo autoconcepto

Ahora construiremos un autoconcepto de manera consciente. Describe el demonio o los demonios del autoconcepto con los que viviste y dibújalos con las formas y los colores que te parece tienen dentro de ti. Al pintar date tiempo para observar cómo se manifiesta esto a díario y todo lo que venga a la mente con base en ese demonio.

Una vez dibujados y coloreados harás un ritual y vas a destruirlos con fuerza, rompiendo los papeles y hablando en voz alta: "Elijo soltar estos demonios para que dejen de consumir mi autoestima. Elijo dejar de generar relaciones tan destructivas, elijo vivir desde otro autoconcepto y amarme a mí misma"; al momento de partirlos en pedazos, hablas y les das la despedida. Tomas todos los papeles en la mano y los llevas al retrete y los tiras ahí o los entierras, algo que te ayude a ver que se han ido.

Cuarto paso: construyendo un nuevo autoconcepto

Ejercicio: construye un nuevo autoconcepto

En una hoja colorea imágenes a manera de *collage*, o mapa mental, como tú elijas; pondrás en el centro una imagen de ti misma con tu nombre.

Ahora alrededor de ti pondrás estas ideas:

- Tres o más cosas que te agradeces.
- Tres o más cosas que te encantan de ser tú.
- Tres o más cosas que has superado o logrado.
- Tres o más valores en los que crees y que te gustaría vivir más consciente.

Escribe una finalidad de crecimiento que hoy deseas experimentar. Ejemplo: sanarme, crecer, servir, ayudar, vivir amor propio. Si se te ocurre más información, agrégala; si quieres, incluye a la gente que amas y conforma tu riqueza. Visualiza todo lo positivo en ti y que sea una forma de inspiración y memoria de lo que quieres vivir y lograr. Con sólo hacer este cuadro no se vivirá solito, no, la imagen da rumbo, claridad y te apoya mentalmente para no olvidar lo que quieres construir mediante actos.

Termino este capítulo con una frase de la película *Kung Fu Panda* que me encanta y resume lo que hemos tratado en este capítulo:

"Tu historia pudo no tener un buen comienzo, pero eso no determina quién eres, eso lo crea toda tu historia y en lo que tú decidas convertirte."

10

Pasos para sanar

En este capítulo aprenderemos actitudes de vida para crear una forma diferente y más sana de vivir. Es como las dietas, si no cambias la actitud de vida, después volverás a subir de peso. Igual es con el trabajo interior, si no trabajamos en estos pasos para sanar de manera constante, simplemente caeremos en lo ya conocido y destructivo que tiene más tiempo operando y no quiere ser sustituido. En este capítulo final me viene la imagen de una de mis queridas alumnas, de la que aprendí muchísimo. Es una mujer de más de setenta años que después de casi cincuenta años de una relación de pareja donde no era feliz eligió dejarla. ¿Tú sabes lo que significa soltar una relación de cincuenta años donde se han gestado hijos, nietos y dinámicas de vida que operan solas? Pues yo tampoco, pero verlo ha sido enormemente inspirador, porque ella enfrentó al mundo entero, incluidos sus hijos, algunos le decían: "¡Hay, mamá, después de cincuenta años ya para qué?", "Cuando debiste hacerlo no lo hiciste, ahora, ¿ya para qué?" Esto es lo que pensaban algunos de sus hijos, pero con casi todo en contra, decidió dejar a ese hombre que por tantos años la limitó y desvalorizó. Eligió vivir el resto de su vida como siempre quiso hacerlo, despertando sola, eligiendo qué hacer o no hacer, con quién estar o no. Montó su pequeño y cálido apartamento y empezó una nueva vida. Estudió algo que siempre quiso aprender: italiano; a tener la casa que quería y empezar este proceso de saber quién era ella y qué deseaba vivir. Sarita hoy habla italiano, viaja y vive la vida desde un lugar más auténtico de sí misma. Gracias, Sarita, tú no sabes lo que tu ejemplo ha impactado mi alma.

Cuántas mujeres piensan hoy que vivieron mucho tiempo así, que dejaron pasar tanto tiempo y que es difícil cambiar: ¿ya para qué? Pues ejemplos como los de Sarita y muchos otros que he visto me hacen guardar esperanzas de que algún día, la mujer que vive atada a una persona o a una actitud destructiva diga: "¡Basta! No merezco ser tratada así, no merezco una vida tan llena de carencias, no merezco recrear dolor y carencia en mi vida."

Lo primero es recordar una y otra vez que eres adulta y hoy eliges lo que quieres vivir, que el proceso de crecimiento está a cargo de tu adulta, capaz de escuchar y sanar a la parte de la niña y se apoya en sus diferentes partes como la niña libre o el padre nutritivo para autodirigirse y ser constante en los procesos. Cada vez que elijas vivir desde aquí, experimentarás a tu adulta.

Las características de la adulta son:

1. Tiene una actitud abierta al aprendizaje y busca el autoconocimiento.
2. Reconoce y acepta sus cualidades y aspectos a trabajar de sí misma.
3. Es responsable de sus elecciones y tiene capacidad de respuesta ante sus actos.
4. Sabe establecer diálogos consigo misma para elegir lo que quiere.
5. Tiene metas propias de vida que desarrollan sus cualidades y pone a prueba sus limitaciones.
6. Sabe expresar lo que siente y vive sanamente sus emociones.
7. Establece relaciones honestas, vulnerables, responsables y divertidas.
8. Sabe lo que necesita y es activa para construirlo.
9. Es flexible, sabe que todo cambia y nada es para siempre.
10. Respeta su palabra.
11. Es consciente de que esta vida es un aprendizaje y tiene un alma que la hace sentir a Dios-Diosa en ella.
12. Confía en ella, en la vida y en un poder superior.

Hoy el trabajo es fortalecer a la adulta, vivir estos once aspectos que nacen de ella. Vivir con esta actitud fortalecerá a tu adulta, ayudándole a sanar a la niña. No te preocupes si por momentos la niña gana la batalla, por ejemplo: te das cuenta de que haces un berrinche y de todos modos dices, ¡me vale! Está bien, mañana recomienzas y después del berrinche que tu parte adulta te ayude a darte cuenta de que nada bueno salió de ello y de esa forma no obtendrás lo que necesitas.

Ofrécele a tu parte berrinchuda algo mejor, dile que en vez de hacer berrinche hable claramente para que no vuelva a suceder y así se fortalecerá la adulta. Le ayudará a ver a tu parte niña que no se resuelve nada ni ayuda a sentirse mejor.

Al principio el trabajo es más difícil, no esperes que sea fácil y rápido; pero conforme lo integras se hará más fuerte y menos difícil. El reto es disciplinarte y sostenerte, practícalo, esto será la única diferencia.

Sonia, 33 años

Llevo un tiempo trabajando conmigo e intentando cambiar todas esas formas de trato que tenía para mí y permitía a las personas que me rodeaban. Me ha ayudado mucho y ha sido muy importante no dejar de pensar que merezco una mejor realidad y nutrirme todo el tiempo de ideas positivas, música bonita, personas con las que poco a poco me voy relacionando de manera más sana. Siento que en cuanto modifiqué mi visión de las cosas, el mundo cambió, pero hoy veo que no era el mundo, era mi percepción del mundo y lo que yo traía dentro. Por momentos aún me enojo cuando hago cosas que me afectan, pero hoy sé dialogar conmigo y darme nuevas oportunidades de hacerlo mejor. Hoy tengo paciencia con todos los años que viví mal, entiendo que integrar lo nuevo lleva su tiempo.

Pasos para sanar

1. Tener clara la propia historia

Hablar, tener conciencia, expresar el dolor, integrar aprendizajes es una forma de limpiar, ordenar, acomodar e integrar el pasado para liberar el presente. Todas tenemos una historia, modelos de nuestros padres, experiencias vividas que nunca se acomodaron y procesaron. Todo eso hace que hoy seamos lo que somos, a veces de maneras poco sanas.

Nuestra historia se transforma y los aspectos negativos pierden fuerza una vez que los acomodamos, los hacemos conscientes y aceptamos las cosas como son. Siempre hay oportunidad de darle otra mirada al pasado, muchas veces la historia se modifica a través de una nueva visión de lo que viviste y recuperas imágenes y momentos olvidados o escuchas la versión de tus familiares, de tus hermanos, algo que siempre ayuda a ver desde otra mirada y amplía la perspectiva.

Mirar la propia historia y la de tus orígenes ayuda a una actitud de aprendizaje: mucho de lo que repites son patrones familiares que puedes cambiar.

Tener clara la propia historia a nivel mental pero sobre todo emocional. Reconoce y respeta lo que sientes al darle una mirada a la relación con tus padres o al abuso que viviste en la infancia o al abandono; dale voz y respeta la memoria de dolor en ti. Con darte permiso de sentir lo que se atoró o quedó pendiente abres la posibilidad de claridad y acomodo.

A veces, por diversas circunstancias, tocamos viejos dolores, temas de la niña herida. Son oportunidades de volver a mirar y validar lo que se siente, expresándolo y después acomodándolo desde la mirada del adulto. Se acomoda después de expresar la emoción, eso lo explicamos en el capítulo relativo a la sanación de la niña herida.

Tener clara la propia historia es un proceso y no un trabajo que se hace una sola vez; es impresionante cómo cambia la percepción de la infancia y se revelan aspectos positivos y hermosos que no recordabas y aparece lo bueno. Si lees estas páginas, algo bueno tuvo tu historia y tendrás fuerza y energía para sanarte. En cualquier momento puedes reactualizar, o sea, expresar o conocer un poco más de tu historia.

2. Observa tu mente y revisa tus creencias

Todos aprendemos y heredamos de nuestro medio —padres, abuelos, hermanos, maestros o la propia cultura— muchas ideas acerca de las cuales no somos del todo consciente. Muchas veces limitan y no tienen una función positiva. Ideas acerca del sexo, la familia, el amor, el dinero, acerca de quién soy, de mis cualidades, en fin, de todo tenemos una idea. ¿Qué tan sanas son? Revisar tus creencias es reactualizar el programa interior y resetearnos una versión actualizada de la realidad. A fin de cuentas, la mente es como una máquina y las ideas su sistema operativo. Es muy probable que tenga ideas atrasadas y caducas que debo actualizar. Ideas aprendidas que hoy le impiden a mi vida que las cosas fluyan en los diferentes ámbitos. Es fundamental que observes qué idea hay detrás de lo que no fluye en tu vida. Observarás que detrás de eso hay una creencia que te impide vivir feliz.

¿Qué idea hay detrás de esto que no fluye en mi vida?

¿Qué aprendiste acerca de lo que hoy no es abundante en tu vida?

Seguro detrás de carencias y conflictos hay aprendizajes e ideas torcidas. Todo momento es una buena oportunidad de revisar qué crees acerca de lo que vives y reactualizarlo con una idea que lo contraste. Por ejemplo: llevo tiempo sin trabajo. ¿qué idea puede haber detrás? Escribe todo lo que se te ocurra respecto a no tener trabajo, poco a poco aflorará la idea-raíz y sabrás cuál es porque te hace *click*, sientes una conexión emocional con esa idea. Puede ser: "No soy suficientemente buena para que me contraten", entonces reflexionas y descubres que siempre te la dijo tu mamá o tu padre quien vivió así consigo mismo. Debes reflexionar y ver la raíz de esa idea. El siguiente paso será sembrar una idea nueva, positiva; por ejemplo: "Soy capaz, seré contratada y merezco una oportunidad." Es muy importante establecer una conexión emocional con esa nueva idea, escribirla y repetirla con la mano derecha en tu pecho; debe ser una idea que también haga *click* emocionalmente. Puedes escribir varias y sentir cuál se conecta más contigo.

Las nuevas ideas se siembran: *1)* observando la idea caduca o negativa; *2)* eligiendo una nueva idea que te sensibilice; *3)* estableciendo una conexión emocional con esa nueva idea; *4)* fortalecer esta idea mediante acciones. Si elegimos como actitud de vida revisar nuestras creencias acerca de las cosas, seremos más conscientes de qué opera en nuestro interior y cambiarlo. Además de transformar nuestras creencias, observemos los hábitos de nuestra mente, pues nos llevan a una forma de ser y estar. Es esencial darse cuenta si se orienta hacia la negatividad, el victimismo, la fantasía, el caos, la duda. Observar esos hábitos te ayudará a identificar sus realidades. Observar cómo nuestra mente aprendió a operar es muy importante porque crea las realidades que vivimos. Lo que vivimos en el mundo es un reflejo de nuestra mente y debemos ayudarla a cambiar el enfoque que no nos beneficia hacia donde queremos que vaya, a las ideas que la nutren o deseo cambiar.

3. Respeta y libera las emociones

El crecimiento va absolutamente ligado al trabajo con las emociones. No podremos establecer una relación con nosotras y la vida si no tenemos una relación sana con nuestras emociones: son una oportunidad de sentir el dolor, pero también la belleza, el bien, el amor. Las emociones nos conectan con los planos espirituales y bellos. Hay que expresar de manera sana las emociones y apoyarnos en ellas para crecer.

Las emociones se expresan mediante las sensaciones inmediatas en el cuerpo, reflejos de determinadas situaciones. Por ejemplo, si beso al ser amado, siento ternura, pasión, etcétera. Son emociones y las experimento en mi cuerpo, pero los sentimientos duran más, impactan de modo duradero. Si seguimos con el ejemplo del beso, en el momento exacto de besar siento emociones, pero después en mí permanece un sentimiento de unión y enamoramiento: tiene un efecto más duradero como resultado de experimentarlo en mí.

Respetar y liberar las emociones es sentirlas, no reprimirlas, interpretarlas o negarlas; es expresarlas de manera consciente. No importa que sean irracionales, son irracionales porque a veces nacen de miedos y fantasías, no tienen una relación objetiva con la realidad. A veces sientes celos y de forma adulta y objetiva sabes que no deberías sentirlos, pero en la vida emocional no importa que no sean lógicos; si los sientes son importantes para ti y debes hacerlos conscientes y validarlos. Esto te ayudará a descargarlos y así acomodarlos. Si logras darles espacio y reconocerlos, entenderás desde dónde se expresan y evitarás anunlarlos cuando no sea necesario. Tu enojo no justifica tu agresividad, que explotes contra el otro; reconoce que estás enojada y descarga energía bailando, corriendo, pegando a la almohada, escribiendo, saltando, respirando, cualquier actividad que bajé intensidad a la emoción y puedas ver más claro. Pero ten cuidado de que no se convierta en la forma en que sacas tu enojo sin tener el valor de enfrentar y poner un límite a la persona que te irrita. Estas prácticas disminuyen la intensidad e impiden al enojo expresarse de forma destructiva. Poner un límite y hablar de lo que te molesta es mucho mejor una vez que tu adulta lo ve con consciencia y no desde el estómago.

Las emociones son la guía de lo que en verdad pasa, son un registro de tu verdad. A veces no nos gusta lo que emocionalmente sentimos, pero aprendamos a aceptar y respetar lo que sentimos. Todo lo que sientes es válido. Si siento envidia porque a mi compañero de trabajo siempre le salen bien las cosas, reconocerlo sería decir: "Siento envidia y me da mucho coraje sentir esto." Si lo experimentas tu parte adulta validará lo que sientes y puedes decirte: "Es normal sentirnos así porque pensamos que todo nos cuesta el doble, podemos aprender algo de mi compañero y hacer que las cosas fluyan mejor."

La parte adulta ayudará a una nueva comprensión y aprendizaje del tema; contribuirá a que la envidia se transforme en aprendizaje útil para tu crecimiento; esto será posible si la emoción original es reconocida y expresada dejando espacio para que algo nuevo entre.

Esto es un proceso de sostener y repetir. Repetir es una clave para integrar el nuevo hábito de relacionarte con tus emociones. Las emociones maduran y tu parte adulta se hace cargo de ellas, les da espacio después habrá un aprendizaje. Primero se expresan mediante la energía y después se procesa lo que sucede.

Muchas personas reprimen sus emociones, se anestesian emocionalmente. Cuando negamos nuestra necesidad en situaciones de dolor permanente, ante circunstancias que nos lastiman y no hacemos nada para revertir ese dolor, nuestro organismo, como un mecanismo de defensa y adaptación, nos desconecta de ese dolor. No dejaremos de sentirlo, pero si de reconocerlo, bloquear nuestras emociones es muy peligroso, porque no podemos aprender de ellas y nos aleja de nosotras mismas. Es más común en los hombres, después de estos mandatos de no sentir y que terminan desconectando las emociones, sobre todo cuando tienen más sensibilidad. Esto los hace personas que nunca se entusiasman, planas, metódicas, duras, enojadas, no disfrutan y sólo actúan por deber, como máquinas. En el capítulo de la niña herida hacemos ejercicios que conectan con las emociones; el siguiente paso es reconectarnos con nosotras mismas.

4. **Aprender a escuchar y respetar el cuerpo**

¿Cómo abusas de tu cuerpo hoy? Fumas, comes de más, no haces ejercicio, no duermes lo necesario, lo enjuicias, lo sometes a jornadas sin alimentos, etcétera. Abusar del cuerpo es un mal mensaje para tu autoestima. No debemos agredir al cuerpo, tampoco darle todos los placeres y las comodidades. El cuerpo funciona muy bien si le damos movimiento, disciplina y un sano esfuerzo; no podemos hacer que se sienta dueño y señor, ni enseñarle que comerá cuando quiera, dormirá lo que quiera; no, si lo complaces demasiado después no se moverá, se convertirá en un animalito que arrastrarás.

El cuerpo busca la inercia, lo fácil, lo cómodo, y eso lo aleja de mi bienestar porque cuando debo leer se quedará dormido o cuando desee hacer ejercicio no tendrá ganas. Nuestro cuerpo debe contribuir a nuestro crecimiento y para eso debemos tenerlo en un movimiento, no hacerlo flojo, no darle todos los placeres. Todo en sano equilibrio. De comer lo que necesita, ejercitarlo, que duerma sus horas, que tenga retos; por ejemplo, caminar o aguantar un poco más al hacer ejercicio, que viva un sano esfuerzo. A nuestro cuerpo hay que educarlo, nutrirlo, dirigirlo, disciplinarlo para que esté siempre al servicio de mi crecimiento. Es muy importante no destruirlo, no abusar de él. Si nuestro cuerpo enferma, la vida cambia. ¿Cuántas personas hoy enfermas valoran la salud? Eso debemos aprenderlo y no pensar que nuestro cuerpo siempre será joven; si abusamos de él y lo indisciplinamos, será un problema más que motivo de alegría.

Tu cuerpo también es un sabio, conoce lo que necesitas y lo que pasa en ti. Cuando estás anestesiada emocionalmente el cuerpo es el camino para la reconexión. Sentirlo y hacer conscientes sus sensaciones en el cuerpo es un camino perfecto para superar la anestesia emocional. Es un proceso, pero si eres constante poco a poco tendrás más claridad de lo que sientes y recuperarás la conciencia de tus emociones. Entiendo que al principio es un poco frustrante porque no se siente nada, pero a medida que lo intentes volverá a conectarse. Recuerda todo el tiempo que pasaste desconectado, esto tarda pero al final te reconectarás a través de tu cuerpo. Escucha lo que le pasa porque en él se refleja de manera muy verás lo que sientes y necesitas.

A través de nuestras enfermedades el cuerpo nos expresa los abusos cometidos o las cosas que no expresamos. Nunca dejes pasar una enfermedad sin preguntarle por qué está allí y qué puedes aprender de su visita. De seguro te ayudará a saber cómo estás y qué necesitas; eso siempre será una buena forma de dejar de hacerlo, porque también es verdad que la intensidad sube hasta llegar a enfermedades más serias. Recibimos mensajes nivel uno, después dos y luego parece que queremos que la vida nos lo diga a nivel diez. Es mejor escuchar el nivel uno y hacer un ajuste en nuestra conducta para crecer. Tu cuerpo es tu mensajero, tu guía, tu vehículo, tu modo de relación, de expresión, tu templo, tu herramienta. Escúchalo, respétalo, disciplínalo, hazlo un representante digno de tu Dios interno.

6. La creación de la familia espiritual

Todos sanamos tras descubrir formas más sanas y amorosas de relacionarnos con nosotros y los demás en un ejercicio constante. Reproducir las formas negativas y llenas de defensa y juicio reforzará los mensajes de defensa y alejamiento que vives. Construir una familia espiritual es un camino de mucha sanación. No podemos escoger padres y hermanos, pero sí podemos elegir la familia espiritual que nos ayude a sanar y nos dé el afecto y el vínculo sano que tanto nos hace falta.

¿Quiénes conforman tu familia espiritual hoy? Esa amiga, ese maestro, ese amigo, que te proveen afecto, atención, cuidado, respeto, vulnerabilidad. Qué sanador es tener un amigo, amiga, que sea como un hermano que te enseña, guía, pone límites. Qué sanador es tener una madre espiritual que te escucha, te quiere, le importas y se relaciona contigo desde el amor y la solidaridad. Es algo posible si entendemos el poder que tiene crear relaciones auténticas desde un lugar más profundo y honesto.

Nunca es tarde para crear una familia espiritual, personas que admires, respetes y quieras, que procures, cuenten contigo y tú con ellas. Ir poco a poco a partir de tu auténtico interés por la relación con esas personas, que no enjuicias, que eliges en tu vida y no deben ser perfectas. Puedes no estar de acuerdo con ellas, pero las apoyas y comprendes sus carencias. Te pueden decir claramente tus errores con respeto y cariño, y tú puedes escucharlas agradeciendo la honestidad de sus palabras.

La familia espiritual la forman todas las personas con las que construimos una nueva relación basada en el cariño, la honestidad, el respeto y el compromiso; de las que nos nutrimos y con quienes no repetimos la historia de traición, mentira, abandono, carencia, control y miedo; o si lo hacemos, trabajamos por cambiarlo y no caer en actitudes destructivas.

Crear tu propia familia espiritual requiere un ingrediente fundamental: sentir que los demás te interesan, que los quieres, que salgas de tu caparazón y abrir tu corazón a esas personas que elijas conocer. Es difícil cuando has sido traicionada, cuando estás acostumbrada a defenderte, a las relaciones de uso donde el otro funciona en la medida de lo que te da y no como ser humano.

Sé que puede sonar atemorizante o difícil de experimentar, pero no es imposible. Piensa en todas esas personas que de alguna manera han estado cerca de ti y quizá no les permitiste que entraran en tu vida; piensa en esas amistades que muchas veces bajo el hábito de la defensa o de no saber confiar alejaste de tu vida, cuántas de ellas podían ser relaciones rescatables para tu vida que a partir de abrirte poco a poco las conozcas y les permitas conocerte.

Muchas pueden ser distintas a como piensas, todos necesitamos amor y vínculos; todos necesitamos de todos y seguro que, si tu intención es establecer un vínculo sano, encontrarás personas que vibren igual que tú, pero esto se dará en la medida en que te abras para conocer y decidir: "Quiero aprender a amar más que a necesitar."

La familia espiritual sana, las amistades que hoy son verdaderos vínculos en tu vida, te ayudarán a sanar mucho de lo que se rompió en las relaciones pasadas con tus padres; pero debe haber una nueva actitud de tu mujer adulta que se relacione de manera más responsable y sana. Si no sanamos y vivimos un proceso de crecimiento, generaremos más de lo mismo; ya no está tu mamá descalificadora o controladora, pero ahora tienes una amiga igual de descalificadora y controladora que te enoja de la misma manera. Ésa no es la familia espiritual que nos sanará, sino la que construyas desde la conciencia de lo que quieres y desde una elección de vivir algo distinto a lo ya conocido y que poco a poco, con esfuerzo, construirás las relaciones que quieres.

La vida es rica a partir de las personas que queremos y de la relación que tengamos con el mundo que creamos. Todo esto es mejor si estás en paz contigo, con tu historia y siendo una adulta en marcha. Todo se crea primero en tu interior, en la relación contigo y en la integración de ti misma; de manera paralela cambia todo a tu alrededor. No debes conocer nuevas personas, a lo mejor en las que ya conoces hay la posibilidad de una nueva y sana relación o quizá si encuentras nuevos vínculos que compartan tu actitud hacia la vida.

No busques gente sin problemas, tampoco el conflicto, toda relación auténtica trae conflictos, malos entendidos, ajustes, es normal, es la vida. Lo que no es sano es dejar pasar esos conflictos, evadir los ajustes naturales en todas las relaciones que buscan madurar y hacerse más fuertes.

Elige gente que busque crecer, de ideas parecidas acerca de la vida, con la que puedas compartir con profundidad los errores que cada uno tenga; busca gente que sonría y tenga una actitud de cambio y no de queja y crítica, que busque un responsable de sus desgracias. Esa gente consume mucha energía cuando no desea cambiar. Y si tú eres de esas personas, cambia, sé positiva, así empezarás a atraer otro tipo de gente porque atraemos a nuestros similares, no hay más.

No seamos utilitarios con las personas, sé por experiencia propia que cuando no aprendiste a vivir el amor desde la primera infancia, a crear relaciones basadas en el amor, parece misión imposible, pero no lo es tanto ni está tan lejos como piensas.

A través del tiempo construye tu propia familia espiritual para que te ayude a aportar algo diferente y mejor. Eso será una sanación muy grande y poderosa que te acompañará los próximos años de tu vida.

7. Reconoce un poder o sabiduría superior

En este momento evolutivo la parte espiritual cobra fuerza, aunque seguimos viviendo en un ambiente muy materialista y tecnológico, el vacío que sentimos nos hace buscar en los terrenos del espíritu esa respuesta para ser felices. El peligro está en buscar desde nuestro hábito consumista y nos sintamos espirituales por consumo y moda, y no por nuestros actos ni por una forma de conexión real con Dios-Diosa.

Está de moda meditar, ir a la conferencia de un gurú, leer el libro que todo mundo lee, pero sin que esto signifique que mi capacidad amorosa crece. Hay que ser espiritual con los actos, salir de nuestro egoísmo, vencer esa forma tan materialista de vivir que nos ha enseñado la sociedad de consumo, que impulsa la fórmula: "compro, luego existo." Nos seduce y vende la idea de la felicidad a través de lo que tengo y no de lo que soy.

Este sistema consumista nos hace tan frágiles y dependientes, nos manipula hasta llevarnos a la idea de "sin esto no puedo vivir" o "no pertenezco" y nos invita a afianzar nuestra felicidad y seguridad en cosas poco sólidas, tan efímeras que por eso nos sentimos llenos de miedo, porque nuestra seguridad se afianza en esa marca, en esa bolsa. ¿Qué me quedará si toda mi seguridad está en lo que tengo y no en lo que soy?

No podemos llamarnos espirituales si no sabemos mirar a los ojos, dar un abrazo a quien lo necesita, hacer un sacrificio por alguien, respetar la naturaleza y las limitaciones de las personas. No podemos decir que somos espirituales sólo porque vamos a meditar y hacemos oración por el mundo. No descalifico si lo haces, qué bien, qué bueno que hagas oración por el mundo y medites, pero eso no significa que seas espiritual.

Nos hace tanta falta experimentar a Dios-Diosa más allá de fanatismos, miedos y prejuicios. Experimentar esa energía poderosa que te llena de inspiración y voluntad para construir verdad, amor, belleza. Esta experiencia de Dios-Diosa, en todo y en todos, no es una idea, es una experiencia que por momentos te llena de luz, de sentido, de claridad; te conmueve en el corazón y te impulsa para que tus actos tengan un sentido diferente.

Este mundo material nos devora y deshumaniza, nos seduce. Recuerda que eres un alma aprendiendo una lección y que lo real, lo sólido, el verdadero aprendizaje no está en lo material, sino en las cosas sutiles como un acto de fe, una mirada, intentar algo nuevo que sea más sano para ti, en agradecer, en honrrar el dolor y todo lo aprendido, en esas experiencias que te dejan ensanchado el corazón y crean algo sólido en ti. Si basamos nuestra felicidad en títulos, marcas, físicos, estamos llenos de miedo y todo eso se diluye; la vejez nos alcanzará y lo único que nos hará sentir paz será todo lo que sembremos de crecimiento en nuestro interior.

No estoy hablando de vida monástica o estoica, de andar sin zapatos. No, podemos tener muchas cosas que esta vida nos ofrece pero no olvidar que lo más importante está en los valores, en las personas que amamos, en los miedos que vencemos y que todo lo material sea una consecuencia, de manifestar esa verdad, esa belleza.

Me puedo ir de viaje, comprar esas cosas bonitas, pero en esta sabia danza de fondo-forma, alimento hacia dentro y hacia fuera, amor por mí, por los otros, fondo y forma, para dentro y para fuera. Reconocer un poder y sabiduría superiores nos hace tener padres y madres espirituales que nos guían, acompañan, fortalecen. Es una posibilidad de sentirte acompañada y guiada en este camino, encontrar un sentido del porqué estamos en esta vida e influir en ella de modo positivo.

Todos nuestros dolores forman parte de este plan, en ellos hay una posibilidad de aprendizaje. Nuestros dolores son detonadores de crecimiento, si no, dime por qué lees este libro y haces muchas cosas para crecer. Es este dolor en tu vida y lo que ves en los otros. Qué fuerte es ver el dolor. En mis consultas me conmueve mucho el dolor de mis pacientes; sólo pido a Dios-Diosa que el dolor nunca me sea indiferente; qué dolorosa es mi ignorancia y la de otros; qué dolorosa es la actitud deshumanizada, qué doloroso es vivir sin Dios-Diosa en ti. Qué desamparados vivimos cuando olvidamos una fuerza y poder superior que nunca nos deja solos.

Ten un altar, una imagen que te recuerde al ser superior en quien tú elijas representar esa fuerza celeste; ponle un fuego, haz oración, prende un incienso, pero sobre todo vívelo en los actos. Ofrece cada día un momento de sacrificio, de esfuerzo, de placer, de gozo. Ofrece a esa energía de la que todos somos parte tus esfuerzos, tu crecimiento, y no olvides que Dios-Diosa y todo un ejército de seres de luz sonríen y se regocijan cada vez que uno de nosotros crece y vence. Reacomodar la infancia y sanar es un camino, no una meta, la meta es alcanzar la lección o el aprendizaje que venimos a aprender. No pienses en cuál es esa gran lección, piensa en lo que te corresponde hoy y esa guía te llevará a tu gran lección.

Con esto termino, son las últimas palabras de esta gran oportunidad que llegó a mi vida: redactar todo lo aprendido. En este ejercicio hay muchas cosas que deberás poner en práctica para sacar provecho. Desde mi mejor intensión espero que no sea un libro más que compres y nunca leas, o que leas y no puedas llevar a la práctica. Vívelo, te aseguro no te hará ningún mal, todo lo contrario, te llevará a encontrar tus propias verdades y un camino de crecimiento para ti.

Agradezco la oportunidad de escribirlo y la presencia de Dios-Diosa que me acompañó: a ellos ofrezco este esfuerzo como un humilde intento de hacer el bien.

Viviendo el amor desde el amor propio

Todos hemos escuchado que para vivir el amor primero debemos amarnos a nosotros mismos. Estoy convencida de que no crearemos relaciones de intimidad, honestidad y amor si no trabajamos con nuestras hambres y nuestros dolores, con todos los prejuicios heredados, con la forma poco agradecida de recibir amor.

Cuando no sanamos el pasado, el canal del amor no está ejercitado y no sabemos cómo recibir afecto: se va a un costal sin fondo del cual no puede salir para hacerme sentir en paz y amada. No se trata de convertirnos en una persona perfecta y sin conflictos para merecer que te quieran, no, se trata de madurar y ser una adulta responsable de sus carencias y errores, que sepa pedir disculpas, resolver sus enojos, expresar sus emociones, confiar, crecer y construir afecto. No es perfecta, pero busca ser más congruente y vivir desde formas más libres y sanas, que trabaja consigo misma de manera constante.

Aprendemos a amarnos cuando integramos nuestro dolor, cuando nos hacemos padres-madres amorosos y sanos de nosotros mismos; sí, que nuestros propios padres-madres internos reconozcan nuestro valor, nos pongan límites, impulsen nuestros sueños, se sientan orgullosos de quienes somos, respeten nuestras necesidades, nos apoyen para conquistar nuestros sueños. Esos padres arquetípicos que tanto nos hubiera gustado tener. Cuando nos amamos a nosotras mismas establecemos relaciones plenas con amigas, amigos y familiares; cuando venga un hombre toda tu necesidad no estará recargada en él; no sólo será una posibilidad de llenar el vacío afectivo que nos tiene con tanta hambre; crearás vínculos y afectos reales que nutrirán tu día a día y un compañero será una posibilidad dentro de una vida rica y no la única opción de esa vida.

Cuando nos amamos a nosotras mismas sabemos que el amor existe, lo vivimos, es real; y desde esta claridad das amor a quienes te rodean. Cuando nos amamos dejamos de controlar al otro: controlamos por miedo a no ser suficientes o a que nos lastimen. Pero cuando me sé valiosa y sé que las relaciones implican un riesgo, entonces estoy más en paz y dejo de defenderme de todo.

Cuando nos amamos abandonamos la imperiosa necesidad de ser suficientes y compararnos con las personas; sabemos que cada cual es diferente y nos enriquece la capacidad del otro. Cuando nos amamos nos sabemos capaces de enfrentar los retos de la vida y tenemos confianza en nuestra fuerza y habilidad.

Cuando nos amamos somos agradecidas con la vida y no damos por hecho que los otros nos dan su tiempo, su presencia, su apoyo, simplemente porque eres tú; no, valoramos lo que recibimos, cuidamos y agradecemos a las personas que nos lo entregan.

Cuando nos amamos tenemos una parte interna que aprende y tiene derecho a equivocarse; somos tolerantes y pacientes, apoyamos a que esa parte nuestra sea más madura cada vez.

Cuando nos amamos somos abundantes, somos una fuerza que da cosas buenas y sanas a los que nos rodean. Cuando nos amamos reconocemos cuándo lastimamos a quienes queremos y hacemos algo para redimir ese dolor.

Cuando nos amamos reconocemos, respetamos y saciamos nuestras necesidades. Cuando nos amamos enseñamos a quienes nos rodean que merecemos ser cuidadas, amadas, protegidas. Cuando nos amamos buscamos estar en espacios estimulantes, limpios, ordenados, que armonicen con lo que hay dentro de nosotras. Cuando nos amamos somos educadoras, sanadoras, generamos unión, belleza, alegría, solidaridad y construimos un entorno más amoroso y seguro.

Anamar Orihuela Rico
5 de julio de 2013

Hambre de hombre, de Anamar Orihuela
se terminó de imprimir en mayo de 2015
en los talleres de Offset Universal, S. A.
Calle 2, núm. 113, Col. Granjas San Antonio
C. P. 09070 México, D. F.